AF590536

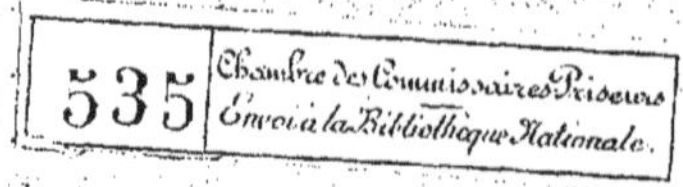

Vente des 22, 23 et 24 Avril 1913

HOTEL DROUOT, SALLE N° 1

Me André DESVOUGES, Commissaire-Priseur

CATALOGUE

des Livres composant la

BIBLIOTHÈQUE

DE

MADAME LA VICOMTESSE D'H... NÉE DE G...

Livres Anciens — Livres à Figures du XVIIIe siècle — Livres Modernes en tous genres — Éditions originales d'Auteurs contemporains, avec envois d'auteur.

PARIS
A. DUREL
Libraire du Ministère de la Justice
18, RUE DE L'ANCIENNE-COMÉDIE, 18
ANGLE DU BOULEVARD SAINT-GERMAIN (VIe ARR.)

1913

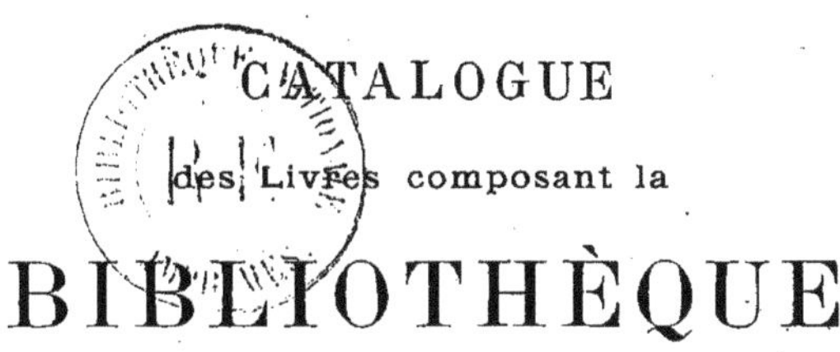

CATALOGUE

des Livres composant la

BIBLIOTHÈQUE

DE

Madame la Vicomtesse d'H..., née de G...

LA VENTE AURA LIEU

Les Mardi 22, Mercredi 23 et Jeudi 24 Avril 1913

A deux heures très précises de l'après-midi

HOTEL DES COMMISSAIRES-PRISEURS, 9, RUE DROUOT

Salle nº 1, au premier étage

Par le Ministère de Mᵉ ANDRÉ DESVOUGES, Commissaire-Priseur

Successeur de Mʳ MAURICE DELESTRE

26, Rue de la Grange-Batelière, 26 (IXᵉ)

Assisté de M. A. DUREL, Libraire-Expert,

18, rue de l'Ancienne-Comédie, angle du boulevard St-Germain (VIᵉ)

☞ *Voir l'ordre des Vacations au verso du titre.*

CONDITIONS DE LA VENTE

La Vente se fera au comptant.

Les acquéreurs payeront **10 p. 100** en sus des enchères.

Les livres devront être collationnés dans les vingt-quatre heures de l'adjudication. Passé ce délai, ils ne seront repris pour aucune cause.

M. A. DUREL, **remplira aux conditions d'usage, les commissions des Personnes qui ne pourraient assister à la vente.**

M. A. DUREL **se réserve la faculté, dans l'intérêt de la vente, de réunir ou de diviser les numéros du Catalogue.**

CATALOGUE

des Livres composant la

BIBLIOTHÈQUE

DE

MADAME LA VICOMTESSE D'H... NÉE DE G...

Livres Anciens — Livres à Figures du XVIIIe siècle — Livres Modernes en tous genres — Éditions originales d'Auteurs contemporains, avec envois d'auteur.

PARIS
A. DUREL
Libraire du Ministère de la Justice
18, RUE DE L'ANCIENNE-COMÉDIE, 18
ANGLE DU BOULEVARD SAINT-GERMAIN (VIe ARR.)

1913

ORDRE DES VACATIONS

Première Vacation. — **Mardi 22 Avril 1913.**

	Numéros
Livres Anciens	1 à 108
Livres sur le Nord de la France	109 à 131
Livres Modernes en tous genres	132 à 200

Deuxième Vacation. — **Mercredi 23 Avril.**

Livres Modernes en tous genres	201 à 400

Troisième Vacation. — **Jeudi 24 Avril.**

Livres Modernes en tous genres	401 à 594
Livres en lots	595 à 600

CATALOGUE

de Livres provenant

DE LA

BIBLIOTHÈQUE

DE

Madame la Vicomtesse d'H..., née de G...

LIVRES ANCIENS

1. **Arioste**. Roland furieux. Poëme héroïque de l'Arioste. Traduction nouvelle par M. d'Ussieux. *A Paris, chez Brunel*, 1775-1783, 4 vol. in-8, veau marbr., tr. dor. (*Rel. anc.*).

   1 portrait et 46 figures gravées.

2. **Arnauld d'Andilly**. Œuvres chrestiennes. Neufiesme édition. *A Paris, chez Pierre Le Petit, ruë Saint Iacques à la Croix d'or*, 1659, in-12, de 131 pages, mar. brun, dent. intér., tr. dor. (*Thompson*).

   Bel exemplaire d'une édition rare et estimée. — (On a relié à la suite : *Stances sur diuerses vérités chrestiennes* [Paris, Vve Jean Camusat, 1642,]. Manque le titre).

3. **Athenæus**. Athenaei Naucratitae Deipnosophistarum libri quindecim ; ex optimis codicibus nunc primum collatis emendavit ac supplevit nova latina versione at animadbersionibus cum is. Casauboni aliorumque tum suis illustravit commodis-

que indicibus instruxit Ioahannes Schweighaeuser. *Argentorati, ex typographia Societatis Bipontinae, anno IX* (1801-1807), 14 vol. in-8, demi-rel. chagr. bleu, dos ornés, non rog.

Edition regardée comme la meilleure que l'on ait de cet auteur. Les cinq premiers volumes renferment le texte grec et la version latine ; il y a 8 volumes de notes et 1 de tables.

4. **AUBIGNÉ** (Théodore Agrippa d'). Les Avantures du baron de Fæneste ; comprinse en quatre parties. Les trois premières reveuës augmentées et distinguées par chapitres. Ensemble la quatriesme partie nouvellement mise en lumière. Le tout par le mesme autheur. [Théodore Agrippa d'Aubigné]. *Au dézert, imprimé aux dépens de l'autheur* [*Genève, R. Aubert*], 1630, pet. in-8 de 6 ff. prélim. et 308 pages, mar. rouge, dos orné, fil. sur les plats, dent. intér., tr. dor. (*Rel. anc.*).

Seule édition complète de ces dialogues qui ait paru du vivant de l'auteur.
Bel exemplaire aux armes de **Philippe d'Orléans**, Régent.
Le volume a été lavé et replacé dans sa reliure.

5. **Auctores mythographi latini** ; cum notis var ; curante Aug. van Staveren. *Lugd. Bat. apud Samuelem Luchtmans. — Amstelaed. ap. J. Wettsenltium et G. Smith* ; 1742 ; 2 parties en 1 vol. in-4, frontisp. et fig., vélin, dos orné, fil., armoiries au centre, tr. jasp.

Recueil estimé et rare.

6. **BAUDOUIN** (Simon-René, comte de). **Exercice de l'infanterie françoise**, ordonné par le Roi le 6 mai 1755, dessiné d'après nature dans toutes ses positions et gravé par S. R. Baudouin. *S. l.* (*Paris*), 1757, in-folio, veau brun, dos orné, fil., tr. rouges (*Rel. anc.*).

Titre gravé par Baudouin d'après Bouchardon, 63 planches gravées à l'eau-forte par Baudouin, dont le frontispice allégorique gravé sur le dessin de Pierre, 1 f. d'avertissement et 8 ff. gravés d'explications.
Bel exemplaire.

7. **Bayle** (Pierre). Dictionnaire historique et critique. Cinquième édition, revue, corrigée et augmentée. Avec la vie de l'auteur par M. Des Maizeaux. *A Amsterdam, — Leide, La Haye et Utrecht*, 1740, 4 vol. in-folio, veau marb., dos ornés, tr. rouges (*Rel. anc.*).

Edition rare et estimée.

8. **Beausobre** (de). Histoire critique de Manichée et du Manichéisme (publiée par Samuel Formey). *A Amsterdam, chez J.*

Frédéric Bernard, 1734-39, 2 vol. in-4, veau marb., dos ornés, tr. rouges (*Rel. anc.*).

Ouvrage rare et très estimé.
Bel exemplaire contenant le « Mémoire abrégé sur la vie et les écrits de Mr. de Bausobre » par Formey, qui manque presque toujours.

9. **Bellay** (Du). Les Œuvres françoises de Ioachim du Bellay, gentil-homme angeuin et poëte excellent de ce temps. Reueuës et de nouveau augmentées de plusieurs poésies non encore auparauant imprimées. Au roy tres chrestien Henry III. *A Paris, pour Iean Houzé, tenant sa boutique au Palais en la galerie pres la Chancellerie*, 1584, pet. in-12 de 583 ff. sans les prélimin., mar. violet, chiffre doré au milieu des plats, dent. intér., tr. dor.

Belle édition renfermant la *défense et illustration de la langue françoise l'Olive* le *Recueil de poésies présenté à Marguerite de Valois* (sœur de Charles IX), *Deux livres de l'Eneide*, divers *poèmes*, etc, qui avaient d'abord été imprimés séparément.
De la Bibliothèque de Monsieur Audenet.

10. **Béroalde de Verville**. Le Moyen de parvenir [par Béroalde de Verville]. Nouvelle édition. *S. l.* 100070073 (*sic* ; — 1773), 2 tomes en 1 vol. pet. in-12, mar. rouge, dos orné, fil., dent. intér., tr. dor. (*Thivet*).

1 frontispice et 2 titres gravés non signés.

11. **Betulius** (Xystus). Noui Testamenti concordantiæ græcæ symphonia]. *Basilæ*, 1546, in-folio, peau de truie, ais de bois, plats gaufr. (*Rel. de l'époque*).

On a relié à la suite : (*Sententiarum sive capitum théologicorum præcipue ex sacris et profanis libris*.. *S. l.* 1546, 2 parties (gr. et lat.).

12. **Bochio** (J.). Historica narratio profectionis et inaugurationis serenissimorum Belgii principum Alberti et Isabellæ, Austriæ archiducum. *Antuerpiæ, ex officina Plantiniana, apud Ioannem Moréhim*, 1602, in-folio, fig., planches gravées, dos orné, tr. rouges (*Rel. anc.*).

13. **BOILEAU**. Œuvres de Nicolas Boileau Despréaux ; avec des éclaircissements historiques donnez par lui-même. Nouvelle édition revuë, corrigée et augmentée de diverses remarques (par Brossette). Enrichie de figures gravées par Bernard Picart le Romain. *A Amsterdam, chez François Changuion*, 1729, 2 vol. in-folio, texte dans un encadrement, frontisp., portr., fig., vignettes, culs-de-lampes et lettres ornées, veau brun dos ornés, tr. marb. (*Rel. anc.*).

1 superbe frontispice, 1 fleuron sur le titre, répété au tome II, 1 magnifique portrait de la princesse de Galles (hors texte, se déployant), 6 figures et 1 frontispice pour le *Lutrin*.

14. **Bossuet**. Discours sur l'histoire universelle, à Monseigneur le Dauphin, pour expliquer la suite de la Religion et les changements des Empires. Nouvelle édition. *A Paris chez Michel-Estienne David, quay des Augustins, près la ruë Gist-le-Cœur*, 1730, 2 vol. in-12, veau porph., dos ornés sans nerfs, tr. marbr. (*Rel. anc.*).

15. **Bossuet**. Instruction sur les Estats d'oraison, où sont exposées les erreurs des faux mystiques de nos jours : avec les actes de leur condamnation. Seconde édition [corrigée et augmentée]. *A Paris, chez Jean Anisson, Directeur de l'Imprimerie royale*, 1697, in-8, mar. rouge, dent. intér., tr. dor. (*Ottmann-Duplanil*).

16. **Brantôme**. Mémoires de Messire Pierre de Bourdeille, seigneur de Brantôme, contenant : les vies des Hommes illustres et grands capitaines françois de son temps (4 vol.). — Les Vies des Dames illustres de France (1 vol.). — Les Vies des hommes illustres et grands capitaines estrangers (2 vol.). — Les Vies des Dames galantes (2 vol.). *A Leyde, chez Jean Sambix le jeune, à la Sphère*, 1699, 9 vol. — Les Anecdotes de la Cour de France touchant les duels. *A Londres, chez T. Wood et S. Palmer*, 1739, 1 vol. — Ensemble : 10 vol. pet. in-12, demi-rel, veau fauve, dos ornés, tr. jasp.

17. **Bruin seu Braun** (Georg.). Civitates orbis terrarum. *S. l. n. d.* [*Coloniæ*, 1572-1618 ?], 2 vol. in-folio, texte et planches montées sur onglets, veau brun, dos ornés, tr. dor. (*Rel. anc.*).

Ouvrage rare et recherché à cause des gravures qui sont de Fr. Hogenberg et de Simon Van den Noevel (Novellanus).

18. **Brumoy** (Le P.). Théâtre des Grecs. Nouvelle édition. Enrichie de très belles gravures et augmentée de la Traduction entière des pièces grecques dont il n'existe que des extraits dans toutes les éditions précédentes, et de comparaisons, d'observations et de remarques nouvelles, par MM. de Rochefort et Du Theil, de l'Académie royale des Inscriptions et belles lettres ; et par M***. *A Paris, chez Cussac*, 1785-89, 13 vol. in-8, fig., demi-rel. veau vert, dos ornés sans nerfs, non rog.

23 figures par Borel, Defraine, Le Barbier, Maréchal, Marchand, Marillier et Monnet, gravées par Delignon, Guttenberg, Halbou, Langlois, Masquelier, Patas, Petit et Texier.
Bel exemplaire non rogné.

19. **Buxtorfius** (Johannus). Johannis Buxtorfii P. Lexicon Chaldaicum, talmudicum et rabbinicum. *Basilæ, sumptibus et typis Ludivici Konig*, 1640, fort vol. in-folio, vélin (*Rel. anc.*).

Ouvrage rare, publié, après la mort du célèbre hébraïsant allemand, par son fils. — Mouillures.

20. **Catullus. Tibullus. Propertius.** [In fine :] *Venetiis in aedibus Aldi, et Andreae soceri mense martio. M.D.XV.* (1515), in-8 de 148 ff. chiffr. et deux non chiffr. pour le registre, la date, et l'ancre ; mar. brun, dos orné, fil., dent. int., tr. dor. (*Canape*).

21. **Choisy** (l'Abbé de). Histoire de l'Eglise [depuis le premier siècle jusques à l'an 1715]. *A Paris, chez Valleyre*, 1740, 11 vol. in-4, veau marb., tr. rouges (*Rel. anc.*).

22. **CHRONIQUE DE NUREMBERG.** [Chronicorum liber (per Hartman Schedel).] Registrum huius operis libri cronicarum cû figuris et ymagibus... (In fine :) *Adest nunc studiose lector finis, etc..... Hunc librum dominus Anthonius Hoberger Nurèmberge impressit.... duodecima mensis Julii Anno salutis nre.* 1493 ; in-folio, max. goth., nombr. fig. sur bois, comprenant 20 ff. de table y compris le titre, et 300 ff. chiff. ; veau brun, ais de bois biseautés, ornements à froid sur les plats (*Rel. anc.*).

Livre rare et très remarquable à cause des belles et curieuses gravures sur bois dont il est orné et qui sont au nombre de plus de 2.000.

Exemplaire complet, contenant « *de Sarmacia regione, etc.* ». (6 ff. non chiffr. dont un blanc), entre les ff. CCLXVI et CCLXVII.

Raccommodages dans le bas de quelques feuillets, et petite brûlure aux ff. XIII-XIIII. — Annotations manuscrites de l'époque dans les marges.

23. **Collectio nova Patrum et scriptorum græcorum,** Eusebii cæsariensis, Athanasii et cosmæ Ægyptii. Hæc nunc primum ex manuscriptis codicibus Græcis italicis galliscanisque eruit, latine vertit, notis et præfationibus illustravit D. Bernardus de Montfaucon, presbyter et monachus ordinis sancti Benedicti e congregatione S. Mauri. *Parisiis, sumptibus Claudii Rigaud*, 1707, 2 vol. in-folio, (gr. et lat.), veau marbr., dos ornés, tr. marb. (*Rel. anc.*).

24. **COMMINES.** Les Mémoires de Messire Philippe de Commines, S^r d'Argenton. Dernière édition. *A Leyde, chez les Elzeviers*, 1648, pet. in-12 de 12 ff. limin. y compris le titre gravé, 765 pp. et 19 pp. de table, veau brun, dos orné, tr. rouge (*Rel. anc.*).

Edition admirablement exécutée.
Haut. : 128 mill. (**Willems**, *Les Elzevier*, n° 634).
Raccommodage.

25. **Coran** (Le), traduit de l'arabe ; accompagné d'un abrégé de la Vie de Mahomet, tiré des écrivains orientaux les plus esti-

més, par M. Savary. *A La Mecque [Paris], l'an de l'Hégire 1165*, 2 vol. in-8, demi-rel. dos et coins de mar. rouge, dos ornés, non rog. (*Rel. anc.*).

26. **Corneille** (Pierre). L'Imitation de Jésus-Christ. Traduite et paraphrasée en vers françois par P. Corneille. *A Bruxelles, chez François Foppens*, 1665, in-12, vign. sur le titre et 4 fig. gravées (dont un frontisp.) ; veau brun, dos orné sans nerfs, tr. rouges (*Rel. anc.*).

Belle édition, mieux exécutée que celle de 1657.

27. **Curtius Rufus** (Quintus). Quinti Curtii De rebus gestis Alexandri Magni Macedonum regis Historia. *Apud seb. Gryphium Lugduni*, 1548, pet. in-12, marque de l'imprimeur sur le titre, capitales orn. et histor. gravées sur bois ; mar. brun foncé, fil. et ornem. à froid sur le dos et les plats, dent. intér., tr. dor.

Bel exemplaire d'une édition rare.

28. **Deguignes**. Histoire générale des Huns, des Turcs, des Mogols et des autres Tartares occidentaux, etc., avant et depuis Jésus-Christ jusqu'à présent. Précédée d'une introduction contenant les tables chronol. et historiques des princes qui ont régné dans l'Asie. Ouvrage tiré des livres chinois et des manuscrits orientaux de la Bibliothèque du Roi. *A Paris, chez Desaint et Saillant*, 1756-58, 4 tomes en 5 vol. in-4, veau marb., dos ornés, tr. rouges (*Rel. anc.*).

29. **Desormeaux**. Histoire de la Maison de Montmorenci. *A Paris, chez Desaint et Saillant, et chez Duchesne* 1764, 5 vol. in-12 portr. gravé, demi-rel. bas., tr. rouges (*Rel. anc.*).

30. **Desportes** (Philippe). Les C. L. Pseaumes de David, mis en vers françois : par Philippe Des-Portes abbé de Thiron. *A Rouen, de l'imprimerie de Raphaël du Petit Val*, frontisp. gravé par L. Gaultier. — Prières et méditations chrestiennes : par Philippes Des-Portes. *A Rouen, de l'imprimerie de Raphaël du Petit Val*, 1609. — Poésies chrestiennes : par Philippes Des-Portes. *S. l.* (*Rouen, ibid.*), 1609. — Ensemble en un vol. in-12, mar. rouge, dos orné, fil., milieux dor., dent. intér., tr. dor. (*Allô*).

31 **Du Cerceau** (Joannus Antonius). Opera. Nova editio, auctá et emendata. *Parisiis, Barbou*, 1724, in-12, veau marb., dos orné, tr. rouges (*Rel. anc.*).

32. **Erasmus**. Desid. Erasmi Roterodami Colloquia familiaria. *Amsterodami, apud G. Ianssonium*, CIϽ IϽC XXI (1621), in-24, frontisp. gravé, veau brun, fil. (*Rel. anc.*).

33. **Erasme**. L'Eloge de la Folie. Composé en forme de déclamation par Erasme, et traduit par Monsieur Gueudeville, avec les notes de Gérard Listre et les belles figures de Holbein. Le tout sur l'original de l'Académie de Bâle. Nouvelle édition, revûë avec soin, et mise dans un meilleur ordre. *A Amsterdam, chez François L'Honoré*, 1745, in-12, nombr. fig. dans le texte et planches gravées hors-texte se déployant, veau fauve, dos orné, fil., dent. intér., tr. dor.

34. **Euclide**. Euclidis Elementorum libri sex priores ; quor. demonstrat. tum alibi sparsim tum maximè libro quinto ad faciliorem captum accomodauit Carolus Malapertius. *Duaci* [*Douai*], *typis Balthazaris Belleri*, 1633, pet. in-12, veau brun foncé, dos orné sans nerfs, fil., dent. intér., tr. jasp.

35. **Eusebius**. Eusebii Pamphili Cæsareæ Paleastinæ episcopi De Demonstratione evangelica libri decem (gr. et lat.). *Coloniæ, sumptibus Mauritii Georgii Weidmanni*, 1688, in-folio, vélin. (*Rel. anc.*).

36. **Eusebius**. Eusebii Pamphili Cæsareæ Palestinæ episcopi Præparatio Evangelica. Franc. Vigerus Rothomagensis recensuit. *Coloniæ, Mauritii Georgii Weidmanni*, 1688, in-folio, texte grec et lat., veau brun, milieux à froid, tr. jasp. (*Rel. anc.*).

37. **Eusebius**. Eusebii Pamphili Cæsareæ Palestinæ episcopi Ecclesiasticæ Historiæ libri decem ; ejusdem De Vita imp. Constantini libri quatuor quibus subiicitur Oratio Constantini ad Sanctos et Panegyricus Eusebii. Henricus Valesius græcum textum colletis IV. M. SS. Codicibus emendavit, latine vertit et adnotationibus illustravit ; accesserunt criticæ plurium eruditorum observationes, et tabulæ geographicæ quibus Guilelmus Reading editionem suam Cantabrigiensem locupletavit. *Venetiis, excudebat Antonius Mora, typogr.*, 1750, 2 vol. in-4, veau marb., dos ornés, tr. rouges (*Rel. anc.*).

38. **Fabliaux et Contes des Poètes francois** des XII, XIII, XIV et XVe siècles, tirés des meilleurs auteurs (par Et. de Barbazan). *A Paris, chez Vincent*, 1756, 3 vol. pet. in-12, veau marb., dos ornés, fil., tr. rouges (*Rel. anc.*).

39. **Fabricius** (Joa. Albertus). Bibliographia antiquaria. Editio secunda. *Hamburgi et Lipsiæ, Christiani Liebezeit*, 1716, in-4, frontisp. gravé, vélin, ornem. à froid, tr. jasp.

40. **Faret**. L'Honeste Homme ; ou l'Art de plaire à la Court. Par le sieur Faret. Traduit en espagnol par dom Ambrosio de Salazar. *A Paris, chez Toussainct Quinet*, 1634, in-4, texte espagnol en regard, vélin (*Rel. anc.*).

41. **FÉNELON. Les Aventures de Télémaque.** [*Paris*] *De l'Imprimerie de Monsieur*, 1785, 2 vol. gr. in-4, pap. vélin, mar. rouge, dos ornés, fil., dent. intér., tr. dor. (*Rel. anc.*).

1 titre-frontispice gravé par Montulay, 72 gravures d'après Monnet, gravées par Tilliard et 24 planches ornées de culs-de-lampe contenant les sommaires.
Bel exemplaire de cette superbe édition.

42. **Fénelon.** Dialogues des Morts anciens et modernes ; avec quelques fables composez pour l'éducation d'un Prince. *A Paris, chez Florentin Delaulne*, 1718, 2 vol. in-12, veau brun, dos ornés, tr. rouges (*Rel. anc.*).

43. **GALERIE DE FLORENCE.** Tableaux, statues, bas-reliefs et camées de la Galerie de Florence et du Palais Pitti, dessinés par Wicar, peintre, et gravés sous la direction de C.-L. Masquelier, ex-pensionnaire de l'Académie de France à Rome ; avec les explications par Mongez, Membre de l'Institut. *A Paris, chez Lacombe, peintre* [*et chez Masquelier, graveur*] — *de l'Imprimerie de la Galerie de Florence*, 1789-1814, 4 tomes en 2 vol. gr. in-folio, demi-rel. mar. rouge, dos sans nerfs, non rog. (*Rel. anc.*).

Très belle publication illustrée de 200 planches gravées hors texte.

44. **Georgius Syncellus.** Georgii Syncelli Chronographia (gr. et lat.) cura et studio P. Iacovi Goar. *Parisiis, et typographia regia*, 1652, fort vol. in-folio, veau fauve, semis de fleurs de lys et chiffre (Louis XIII) sur le dos et les plats, armes royales frappées au centre, tr. dor. (*Rel. anc.*).

45. **Gessner.** Œuvres complettes de Gessner. *S. l. n. d.* [*Paris, Cazin*], 3 vol. in-18, veau marb., dos ornés sans nerfs, fil., tr. dor. (*Rel. anc.*).

3 titres et 1 portrait gravés.

46. **Heinsius** (D.). Danielis Heinsii Sacrarum Exercitationum ad Novum Testamentum libri XX. In quibus Contextus sacer illustratur, SS. Patrum aliorum que sententiæ examinantur, interpretationes denique antiquæ aliæque ad eum ependuntur. Quibus Aristarchus Sacer, emendatior nec Paulo auctior, indicesque aliquot uberrimi accedunt. *Lugduni-Batavorum, ex off. Elzeviriorum*, CIↃ IↃC XXXIX (1639), in-folio, [marque *le Solitaire*], 6 ff. limin. y compris le faux-titre et le titre rouge et noir, 966 pp., 42 ff. pour les index, et 1 f. blanc ; veau fauve, dos orné, tr. rouges (*Rel. anc.*).

Willems ; *Les Elzevier* : n° 481.
Exemplaire aux armes et au chiffre de **Jacques-Auguste de Thou.**

47. **Helyot** (Pierre), dit le P. Hippolyte. Histoire des Ordres monastiques, religieux et militaires, et des congrégations séculières de l'un et de l'autre sexe [par le P. Helyot ; continuée par le P. Maximilien Bulot]. *A Paris, chez Jean-Baptiste Coignard, ruë Saint Jacques, à la Bible d'Or*, 1714-1719, 8 vol. in-4, fig., veau brun, dos ornés, tr. jasp. (*Rel. anc.*).

Première édition de cet ouvrage rare et très estimé, orné de 811 portraits et planches gravées hors-texte.

48. **Hénault** (Président). Nouvel Abrégé chronologique de l'Histoire de France. Cinquième édition revûe, corrigée et augmentée, 1 tome en 2 vol. — Supplément au Nouvel Abrégé chronologique de l'Histoire de France, contenant les additions et corrections faites à cet ouvrage dans la Ve édition, 1756, 1 vol. — *A Paris, chez Praull père, Praull fils, Desaint et Saillant*, 1756, 3 vol. in-8, veau marbr., dos ornés sans fil., tr. marbr. (*Rel. anc.*).

49. **D'Herbelot.** Bibliothèque orientale ou Dictionnaire universel, contenant généralement tout ce qui regarde la connoissance des Peuples de l'Orient. leurs histoires et traditions, véritables ou fabuleuses, leurs religions, sectes et politiques, etc., etc., etc. *A Maestricht, chez J. E. Dufour et Ph. Roux*, 1776. — Supplément [par Visdelou et Galand]. *Ibid.*, 1780. Ensemble : 2 parties en 1 fort vol. in-folio à 2 col., veau marb., dos orné, tr. rouges (*Rel. anc.*).

50. **D'Herbelot.** Bibliothèque orientale ou Dictionnaire universel, contenant tout ce qui fait connaître les peuples de l'Orient, etc., etc. Nouvelle édition, réduite et augmentée par M. D.... (Dessessarts). *Paris, chez Moulard*, 1781-83, 6 vol. in-8, veau marb., dos ornés, tr. jasp. (*Rel. anc.*).

51. **Hesychius.** Hesychii Lexicon, cum notis doctorum virorum integris, vel editis antehac nunc auctis et emendatis, vel ineditis. Ex autographis partim recensuit, partim nunc primum edidit, suasque animadversiones perpetuas adjeat Joh. Alberti cum ejusdem prolegomenis et adparatu Hesychiano. *Lugduni-Batavorum, apud Samuelem Luchtmans*, 1746-1766, 2 vol. in-folio, à 2 col., veau fauve, dos ornés, fil., armoiries sur les plats du premier vol., tr. rouges (*Rel. anc.*).

Bonne édition, bien imprimée : le second volume a été publié par D. Ruhnkenius, après la mort d'Alberti. Un beau portrait de ce dernier, gravé par Houbracken, orne le premier volume.

Bel exemplaire aux armes de **Bernard de Rieux**, au tome premier.

52. **Histoire du Vieux et du Nouveau Testament**, représentée avec des figures et des explications édifiantes, tirées des Saints Pères pour regler les mœurs dans toute sorte de conditions. Dédiée à Monseigneur le Dauphin ; par feu Monsieur Le Maistre de Sacy, sous le nom du sieur de Royaumont, prieur de Sombreval. Nouvelle édition. *A Paris chez Pierre de Bats, rue du Petit-Pont, à Saint-François*, 1723, in-folio, fig. gravée à chaque feuillet, veau brun, dos orné (*Rel. anc.*).

53. **Histoire du Vieux et du Nouveau Testament** (L'), représentée avec des figures et des explications édifiantes tirées des Saints Peres pour regler les mœurs dans toute sorte de conditions ; par feu Monsieur Le Maitre de Sacy, sous le nom du sieur de Royaumont, prieur de Sombreval. *A Paris, chez Etienne-Michel David, quai des Augustins, à la Providence*, 1724, in-4, fig. gravées à mi-page, demi-rel. veau vert.

54. **Homère**. L'Iliade [et l'Odyssée] d'Homère, avec des remarques ; précédée de réflexions sur Homère et sur la traduction des poëtes, par M. Bitaubé. *A Paris, de l'imprimerie de Didot l'aîné*, 1787-88, 12 vol. in-18, veau brun, dos ornés sans nerfs, fil., tr. dor. (*Rel. anc.*).

1 joli portrait de Bitaubé, par Cochin, gravé par A. de St. Aubin ; 1 portrait d'Homère par S. Aubin ; et 1 grande figure pliée représentant le « Bouclier d'Achille ».

55. **Irenaeus** (Sanctus). Opus erudissimum divi Ireanaei episcopi Lugdunensis, in quinque libros digestum... Additus est index rerum observatu dignarum. [In fine :] *Basileæ, per Hier. Frobenium et Nic. Episcopium, M. DLV.* (1555), in-folio, marque de Froben sur le titre et au verso du dernier feuillet, capit orn. et histor. ; veau brun, milieux dor. (*Rel. anc.*).

Edition rare et recherchée, faite par les soins d'Erasme.

56. **Josephus** (Flavius). Fl. Iosephi De Bello iudaico libri septem. Eius dem contra Apionem libri duo ; de imperio rationis : siue, de Machabœis liber unus. *Apud Seb. Gryphium Lugduni*, 1539, in-8, lettres ornées et histor., veau, dos orné, dent., palme, chiffre et fleurs de lys dor. frappés sur les plats, tr. dor. (*Rel. anc.*).

57. **Justinianus**. Novellarum constitutionum quæ extant et ut extant volumen. Canones SS. apostolorum per Clementem in unum congesti, gr. Greg. Holoandro interprete. *Norembergæ, sive in castro Norico, apud Io. Petrium anno domini M. D.*

XXXI (1531), in-folio, texte grec, lettres capitales ornées et histor. gravées sur bois, demi-rel. chagr. rouge, tr. jaunes.

Première édition du texte grec des *Novelles*, due à Grégoire Haloander, helléniste et jurisconsulte allemand, qui la donna après avoir comparé la version latine avec le grec original. Elle est de beaucoup préférée à l'ancienne, attribuée à Irnerius.

58. **Juvenalis et Persius**. D. Iun. Iuvenalis Auli Persii Flacci Satiræ cum annotat. Th. Farnabii. *Amstelædami, typis Ioannis Blaeu*, 1650, pet. in-12, frontisp. gravé, veau marb., dos orné, tr. jasp. (*Rel. anc.*).

59. **Lactantius Firmianus**. Opera omnia. Editio novissima ad mss. codd. editosque collata atque notis uberioribus illustrata : cui manum primam adhibuit J.-B. Le Brun, extremam imposuit Nic. Lenglet Du Fresnoy. *Lutetiæ Parisiorum, apud Joannem de Bure*, 1748, 2 vol. in-4, veau fauve, dos ornés, tr. rouges (*Rel. anc.*).

Bonne édition, rare et recherchée.

60. **La Fontaine**. Les Amours de Psyché et de Cupidon, avec le Poème d'Adonis. Edition ornée de figures dessinées par Moreau le Jeune et gravées sous sa direction. *A Paris, chez Saugrain et Didot, l'an V* — 1797, 2 vol. in-12, demi-rel. dos et coins de mar. orange, dos ornés et mosaïq., fil., tête dor., non rog. (*Canape*).

8 figures de Moreau, gravées par Delvaux, — jolies réductions des grandes figures de l'édition de l'an III.

61. **LA FONTAINE**. Fables choisies mises en vers par J. de La Fontaine. *A Paris, chez Desaint et Saillant* — et *Durand*, 1755-1759, 4 vol. in-folio, veau, tr. dor. (*Rel. anc.*).

1 frontispice par Oudry, terminé par Dupuis et gravé par Cochin ; 1 portrait d'Oudry d'après Largillière, gravé par Tardieu ; et 275 figures dessinées par Oudry et gravées par Aubert, Aveline, Baquoy, Beauvais, Beauvarlet, Cars, Chedel, Chenu, Chevillet, Cochin, Cousinet (Elisabeth), Dupuis, Duret, de Fehrt, Fessard, Flipart, Floding, Gaillard, Galimard, Lebas, Legrand, Lemire, Lempereur, Marvié, Menil, Moitte, Ouvrier, Pasquier, Pelletier, Pitre-Martenasie, Poletnich, Prévost, Radigues, Riland, Rode, Salvador, Sornique, Surugue, Tardieu et Teucher.

62. **Le Clerc** (Sébastien). Pratique de la Géométrie sur le papier et sur le terrain [par Sébastien Le Clerc]. *A Paris, sur le quay des Augustins, joignant la porte de l'Eglise, à l'image Nostre-Dame*, 1682, in-12, frontisp. et fig. gravés à chaque feuillet, veau brun, dos orné, tr. rouges (*Rel. anc.*).

63. **Lettres d'Héloïse et d'Abailard**. Edition ornée de huit figures gravées par les meilleurs artistes de Paris, d'après les dessins et sous la direction de Moreau le Jeune [Textes latin et français — traduction de Gervaise — et Vie d'Abeilard par par M. de L'Aulnaye]. *A Paris, chèz J.-B. Fournier le Jeune et fils. — De l'Imprimerie de Didot le Jeune, l'an quatrième* (1796 *v. s.*) ; 3 vol. gr. in-4, pap. vélin, demi-rel. mar. rouge, non rog.

8 figures par Moreau, gravées par Dambrun, Delvaux, Halbou, Langlois jeune, Lemire, Pauquet, Romanet et Simonet.

64 **LONGUS**. Les Amours pastorales de Daphnis et Chloé, escrites en grec par Longus, et translatées en françois par Jacques Amyot. Edition enrichie des planches originales, dessinées et gravées par Philippe d'Orléans, Régent de France. *A Paris, chez Debarle*, 1796, in-4 à toutes marges, demi-rel. mar. rouge à long grain, dos orné sans nerfs, non rog. (*Rel. anc.*).

65 **Lucanus** (M.-Annæus). M. Anneii Lucani de Bello civili libri decem. Eiusdem uita in fine operis. Ad uetustiss. Scripta exemplaria emendati : quorum uarias lectiones ad calœm reiecimus : *Lutetiæ, ex officina Rob. Stephani typographi Regii*, 1545, pet. in-8, marque de l'impr. sur le titre, demi-rel. dos et coins de mar. rouge, fil. à froid, tête dor., tr. peig. (*Lortic*).

Belle édition. — Rare.

66. **Lucanus** (M.-Annæus). M. Annaei Lucani Pharsalia, cum commentario Petri Burmanni. *Leidæ, ap. C. Wishoff, D. Gœlval, et G. J. Wishoff, fil. Conrad.*, 1740, fort vol. in-4, vign. gravée sur le titre, vélin, dos et plats ornés, tr. rouges, fermoirs étoffe (*Rel. anc.*).

67. **MANUSCRIT DU XVIIIe SIÈCLE**. Diversités sçavantes ou mélange d'utils (*sic*) et de curieux. Dictionnaire curieux mêlé d'utils. *S. l. n. d.*, fort vol. in-12 de plus de 900 p., vélin, tr. jasp. (*Rel. anc.*).

Manuscrit des plus curieux, d'une jolie écriture du XVIIIe siècle. Sous forme de dictionnaire, on y trouve, mêlés à des anecdotes, à des pensées, à des citations, d'intéressantes remarques sur : l'orthographe françoise ; l'état de la France en 1702 ; les marques des monoyes de France et les noms des villes où elles se fabriquent. — Des extraits : Traité de l'existence de Dieu ; Méthode pour apprendre à faire des vers françois ; observations de médecine ; remarques sur l'accouchement ; Traité d'arithmétique ; Géométrie pratique (*avec figures*) ; construction des fortifications (*avec figures*) ; du lavis, des plans ; etc., etc., etc.

68. **Marcel** (G.). Tablettes chronologiques, contenant avec ordre, l'état de l'église en Orient et en Occident, les conciles gé-

néraux et particuliers : les autheurs ecclesiastiques, les schismes, hérésies et opinions qui ont esté condamnées ; pour servir de plan à ceux qui lisent l'histoire sacrée. *A Paris, chez Denys Thierry, rüe saint Jacques devant la ruë du Plâtre*, 1682, in-12, frontisp. gravé, tableau hors-texte, texte encadré de fil. rouges, veau brun, dos orné, fil. dor. et milieux à froid, style romantique, dent. intér., tr. dor. (*Garnier*).

Première édition d'un ouvrage estimé dû à Guillaume Marcel, chronologiste, né à Toulouse en 1647.

On y trouve à volonté les conciles ou synchronismes de chaque siècle, « c'est un ouvrage, dit Feller, dont on ferait le meilleur livre élémentaire d'histoire ecclésiastique en lui donnant un peu plus d'étendue... »

Reliure « à la Cathédrale ».

69. **Marot** (Clément). Les Œuvres de Clément Marot de Cahors, valet de chambre du roi, revûes et augmentées de nouveau. *A La Haye, chez Adrian Moeljens*, 1702, 2 tomes en 1 vol. pet. in-12, mar. rouge, dent. intér., tr. dor. (*Hardy*).

70. **Martyrologium romanum**, Gregorii XIII. P. M. Iussu editum et Urbani VIII auctoritate recognitum ; auctores Caesare Baronio Sorano. *Parisiis, apud Laurentium Cottereau*, 1645, in-folio, demi-rel. bas., tr. jaunes.

Rare.

71. **Miselli** (Giuseppe). Il Burattino veridico, overo Instruzione générale per chi viaggia, con la descrizione dell'Europe, distinzione de'Regni, prouincie e citta, e con la Tauola delle Poste nelle vie più regolate, che al presente si trouano. *In Roma, per Michel Ercole*, 1682, in-12, frontisp. gravé, mar. rouge, dos orné aux petits fers, dent. et milieux dor. sur les plats, tr. dor. (*Rel. anc.*).

Ouvrage curieux et rare.

72. **Molière**. L'Imposteur ou le Tartuffe. Comédie par J. B. P. de Molière. *Suivant la copie, imprimée à Paris* [*Amsterdam ; chez Daniel Elzévier*] ; 1679, pet. in-12 de 96 pp. dont les 12 prem. (titre, préface et noms des acteurs) ne sont pas chiffr., mar. citron, dos orné, fil., dent. intér., tr. dor. (*Canape*).

Haut. : 120 mill.
Willems ; *Les Elzevier*, n° 1418 (note).

73. **MONTAIGNE**. Les Essais de Michel, seigneur de Montaigne. Nouvelle édition exactement purgée des défauts des pré-

cédentes, selon le vray original... etc. Ensemble la vie de l'autheur et deux tables. *A Bruxelles, chez François Foppens, libr. et imprimeur*, 1659, 3 vol. in-12, frontisp. avec portr. gravé par P. Clouwet, mar. rouge, fil. for. sur le dos et les plats, tr. dor. (*Rel. anc.*).

Edition reproduisant celle de *Paris, Chr. Journel* (1659, 3 vol. in-12), comprenant une Table analytique générale, et prenant place, pour sa belle exécution, dans la Collection elzévirienne. (**Willems**. *Les Elzévier* n° 1982).

On lit, sur le titre, la mention manuscrite : « *Bibliotheca Colbertina* ».

74. **Montesquieu**. Œuvres de Monsieur de Montesquieu (De l'Esprit des Loix). *A Genève*, [*Paris, Cazin*], 1777, 4 vol. in-24, frontisp. gravé par De Launay d'après Marillier, veau fauve, dos ornés sans nerfs, fil., tr. dor. (*Rel. anc.*).

75. **Newton**. Arithmetica universalis ; sive de compositione et resolutione arithmetica liber. *Lugduni Batavorum, apud Joh. et Herm. Verbeek*, 1732, in-4, nombr. planches hors-texte se déployant, veau brun, dos orné, tr. rouges (*Rel. anc.*).

76. **Nicephorus Callistus**. Ecclesiasticæ historiæ libri XVIII, græce nunc primum editi : adjecta est latina interpretatio Joan. Langi a Frontone Ducæo cum græcis collata et recognita. *Lutetiæ Parisiorum, sumpt. Sébast. et Gabr. Cramoisy*, 1630, 2 vol. in-folio, veau brun dos ornés, fil., tr. jasp. (*Rel. anc.*).

Rare. — Seule édition du texte grec de cet ouvrage.

77. **Niebuhr** (Carstens). Description de l'Arabie, d'après les observations et recherches faites dans le pays même. Nouvelle édition, revue et corrigée. *A Paris, chez Brunet*, 1779, 2 vol. in-4, nombr. fac-similes et planches gravées hors-texte, demi-rel. veau brun, dos ornés, non rog.

78. **OFFICE DE LA SEMAINE SAINTE** (L') à l'usage de la Maison du Roy, conformément aux bréviaires et messels romain et parisien ; en latin et en françois. Avec l'explication des cérémonies de l'Eglise, et des instructions, prières, etc., par Monsieur l'Abbé de Bellegarde. Nouvelle édition. *A Paris, rue S. Jacques, de l'imprimerie de Jacques Collombat*, 1741, in-8, à 2 col., texte encadré d'un double filet noir, mar. rouge, dos orné, plats entièrement recouverts d'une décoration aux petits fers, armes royales frappées au centre, dent. intér., tr. dor. (*Rel. anc.*).

1 frontispice, 1 titre général gravé et cinq titres gravés, par Humblot, pour les différentes parties du volume.
Bel exemplaire.

79. **Pascal**. Les Provinciales ou les Lettres écrites par Louis de Montalte à un provincial de ses amis et aux RR. PP. Jésuites. Nouvelle édition, plus exacte et plus correcte qu'aucune des précédentes. *A Cologne, chez Henry Schouten*, 1738, in-12, curieuse vignette gravée sur le titre, veau brun, dos orné, tr. jasp. (*Rel. anc.*).

80. **PERRAULT**. Les Hommes illustres, qui ont paru en France pendant ce siècle, avec leurs portraits au naturel. *A Paris, chez Antoine Dezallier*, 1696, in-folio, veau brun, dos orné (*Rel. anc.*).

1 frontispice et 50 portraits gravés.
Exemplaire de premier tirage auquel on a ajouté les portraits de *Arnauld* et *Pascal*.

81. **Petronius arbiter** (Titus). Titi Petronii arbitri equitis romani Satyricon, cui accedunt diversorum poetatum lusus in Priapum, etc, cum notis Bourdelotii et glossario Petroniano (edente Adr. Valesio). *Parisiis, ap. Claud. Audinet*, 1677, pet. in-12, frontisp. gravé, mar. citron, dos orné, fil., dent. intér., tr. dor. (*Amand*).

Bel exemplaire de cette édition reproduisant les notes de Bourdelot.

82. **Poncelin de La-Roche Tilhac** (Jean-Charles). Campagnes de Louis XV ; ou Tableau des expéditions militaires des Français sous le dernier règne, précédé de l'Etat de la France, à la mort de Louis XIV. Ouvrage enrichi de cartes, de la vue des villes assiégées, du plan des batailles et du portrait des généraux célèbres, et destiné à faire suite aux campagnes de Condé, de Luxembourg, de Turenne, etc. [par J. Ch. Poncelin de La Roche Tilhac]. *A Paris, chez l'auteur, et chez Moureau*, 1788, 2 parties [partie historique et partie métallique] en 1 vol. in-folio, demi-rel. mar. bleu, dos orné, tête dor., non rog. (*Paul Vié*).

83. **Procopius**. Procopii Caesariensis De Rebus Gothorum, Persarum ac Vandalorum libri VII. *Basileæ, ex off. Ioannis Hervagii, mense septemb. anno* M. D. XXXI. (1531), in-folio, veau brun, dos orné, tr. marb. (*Rel. anc.*).

84. **Prudentius** (Aurelius). Aurelii Prudentii Clementis quæ extant. Nicolaus Heinsius Dan. Fil. ex vetustissimis exemplaribus recensuit, et animadversiones recensuit. *Amstelodami, apud Danielem Elzevirium* [marque : la *Minerve*], 1667, 2 parties en 1 vol. pet. in-12, mar. rouge, dos orné, fil., dent. intér., tr. dor. (*Rel. anc.*).

Edition jolie et rare.
Haut. : 126 mill. — (**Willems** ; *Les Elzevier* ; n° 1386).

85. **Pujol** (de). Galerie historique universelle. *S. l.* (*A Paris, chez Mérigol*), 1787-89, 2 vol. pet. in-4, texte et planches dans un encadrement, mar. vert à long grain, fil., tr. dor. (*Rel. anc.*).

144 portraits au trait avec notices explicatives en regard. Incomplet de plusieurs feuillets refaits à la main, à l'époque.

86. **Quatremère de Quincy**. Encyclopédie méthodique [de Diderot et d'Alembert]. Architecture. *A Paris*, 1788-1825, 3 vol. in-4 à 2 col., demi-rel. chagr. violet, tr. jasp.

87. **Rabaut** (J.-P.) et **Lacretelle jeune**. Précis historique de la Révolution française. Assemblée constituante par J. P. Rabaut, 1 vol. — Assemblée législative, par Lacretelle jeune, 1 vol. — Convention Nationale, 2 vol. — Directoire exécutif, 2 vol. — *Paris* [*et Strasbourg*], *Treuttel et Wurtz* [*de l'Imprimerie de Didot le jeune*], 1815-16. Ensemble : 6 vol. in-32, fig., demi-rel. mar. rouge, tr. jasp.

6 figures par Moreau pour l'*Assemblée constituante*, et 10 figures d'après Duplessi-Bertaut, pour les autres volumes.

88. **Rabelais**. Les Œuvres de M. François Rabelais. Augmentées de la vie de l'autheur et de quelques remarques sur sa vie et sur l'histoire. Avec l'explication de tous les mots difficiles, et la Clef nouvellement augmentée. *S. l.* [*Hollande* ; *marque* : *la Sphère*], 1675, 2 tomes en 1 fort vol. pet. in-12, vélin à recouvr. (*Rel. anc.*).

89. **Racine**. Œuvres de Racine. Nouvelle édition. *A Paris, chez Jean F. Pralart*, 1699, 2 vol. in-12, frontisp. et fig., mar. rouge, dos ornés, fil., dent. intér., tr. dor. (*Cuzin*).

90. **Recueil de diverses pièces** servant à l'histoire de Henry III, roy de France et de Pologne. *A Cologne, chez Pierre du Marteau* [*Hollande*], 1663, 5 parties en 1 vol. pet. in-12, veau noir, dos orné sans nerfs, filet doré et ornem. à froid sur les plats.

Recueil rare, se joignant à la collection des Elzevier. Il contient :
I. Journal des choses mémorables advenües durant tout le règne de Henry III. — II. Discours merveilleux de la vie, actions et déportements de la reine Catherine de Médicis. — III. Histoire des Amours du Roy Henry IV escrite par Louyse de Lorraine, princesse de Conty. — IV. Divorce satyrique ou les Amours de la reine Marguerite de Valois escrit en forme de Factum. — V. Confession catholique du sieur de Sancy.

91. **Richer**. L'Ovide bouffon, ou les Métamorphoses travesties en vers burlesques (par Richer). Quatrième édition. *A Paris, chez Estienne Loyson*, 1665, in-12, curieux frontisp. gravé, mar. citron, dent. intér., tr. dor. (*Hardy*).

92. **Rogissart** (de). Les Délices de l'Italie ; ou description exacte de ce pays, de ses principales villes et de toutes les raretez qu'il contient ; par le Sr de Rogissart. Enrichis de figures en taille-douce. *A Leide, chez Pierre Van der Aa*, 1706, 3 vol. pet. in-8, titre gravé, frontisp. et nombr. planches hors-texte se déployant, veau brun, dos ornés, tr. jasp. (*Rel. anc.*).

93. **Rohan** (H. de). De l'Interest des Princes et Estats de la Chrestienté. A Monsieur le Cardinal de Richelieu. Dernière édition. *Iouxte la copie imprimée à Paris*, CIↃ IↃ C XXXIX (1639) ; [*Leyde* ; *chez les Elzevier*. — marque : la *Sphère*], pet. in-12 de 199 pages et 2 pages chiff. pour la table, veau fauve, dos orné sans nerfs, dent. encadrant les plats, dent. intér., tr. dor. (*Rel. par Bozérian Jeune*).

Bel exemplaire de cet ouvrage anonyme dont l'auteur, H. de Rohan, a signé l'épître dédicatoire au cardinal de Richelieu. A la suite de cette épître se trouve une longue préface attribuée par tous les bibliographes à de Silhon. Ce dernier est l'auteur de l'ouvrage dont le titre est indiqué ci-après, qu'on a relié à la suite de l'*Intérest des Princes* :

« Le Ministre d'Estat, avec le véritable usage de la politique moderne. Par le sieur de Silhon. Dernière édition. *Iouxte la copie imprimée à Paris*, [*Leyde* ; *chez les Elzevier*. — marque : *la Sphère*] CIↃ IↃ C XXXIX [1639] » ; in-12 de 12 ff. limin. et 402 p.

Haut. : 126 mill. — **Willems** ; *Les Elzevier* ; n°s 482 et 489.

94. **Rotrou**. Clarice, ou l'Amour constant. Comédie de Mr de Rotrou. *A Paris, chez Antoine de Sommaville et Augustin Courbé*, 1643, in-4.

Edition originale.

95. **Rotrou**. La Sœur. Comédie de Mr de Rotrou. *A Paris, chez Toussaint Quinet*, 1647, in-4, vélin (*Rel. anc.*).

Edition originale.

96. **Rousseau**. Œuvres. Nouvelle édition. *A Londres*, 1753, 4 vol. in-16, portr. gravé, veau granit, dos ornés sans nerfs, fil., tr. rouges (*Rel. anc.*).

97 **Satyre Ménippée de la vertu du Catholicon d'Espagne** et de la tenue des états de Paris. *A Ratisbonne, chez les héritiers de Mathias Kerner*, 1726, 3 vol. pet. in-8, frontisp., portr. et fig. gravés, veau brun, dos ornés, tr. rouges (*Rel. anc.*).

2 grandes planches hors-texte, dont une représentant la *Procession de la Ligue*.

98. **Segrais**. Poésies de Monsieur de Segrais. Troisième édition, plus ample, plus correcte et en meilleur ordre que les précédentes. *A Paris, chez Anthoine de Sommaville*, 1661, in-12, mar. bleu, dos orné, fil., dent. intér., tr. dor. (*Tripon*).

99. **Seneca** (L.-A.). L. Annæi Senecæ philosophi Opera omnia. Ex ult : I. Lipsii et I. F. Gronovii emendat. et M. Annæi Senecæa Rhetoris quæ extant ; ex And. Schotti recens. *Amstelodami, apud Elzevirios*, 1658-1659, 4 vol. pet. in-12, réglé, frontisp. gravé, mar. bleu foncé à long grain, dos ornés, dent. dor., et à froid sur les plats, dent. intér., tr. dor. (*Simier, Rel. du Roi*).

Bel exemplaire. — Haut. : 137 mill.

100. **Sévigné**. Recueil des lettres de Madame la Marquise de Sévigné à Madame la Comtesse de Grignan, sa fille. Nouvelle édition augmentée. *A Paris, par la Compagnie des Libraires, (chez Desaint et Saillant, etc.)*, 1763, 8 vol. pet. in-12, veau marb., dos ornés sans nerfs, tr. marb. (*Rel. anc.*).

101. **Stephanus** (Carolus). Caroli Stephani Prædium rusticum. *Parisiis, apud Franciscum Pelicanum*, 1629, fort vol. in-8, v. fauve, semis de fleurs de lys d'or couvrant le dos et les plats, dent. encadrant les plats, armoiries frappées au centre, tr. dor. (*Rel. anc.*).

102. **STRABO**. Rerum geographicarum commentarii libris XVII contenti latini facti Guilielmo Xylandro Augustano interprete. [In fine :] *Basileæ, ex off. Henricpetrina, anno salut. human.* CIↃ IↃ LXXI *mense augusto* (1571), in-folio, lettres histor. et cartes geograph., veau marbr., dos orné, tr. rouges (*Rel. anc.*).

103. **Théophile** (Viaud ou de Viau). Les Œuures du sieur Théophile, diuisées en trois parties. La première contenant l'Immortalité de l'âme et plusieurs autres pièces; la seconde les Tragédies ; la troisiesme le Recueil de toutes les pièces qu'il a faictes pendant sa prison iusques à sa mort. Reueues et corrigées en cette dernière édition. De plus est augmentée la Lettre contre Balsac. Dédiées aux beaux esprits de ce temps. *A Rouen, chez Thomas Daré, près le Palais*, 1643, in-8, vélin à recouvr., tr. jasp. (*Rel. anc.*).

104. **Tillemont** (Le Nain de). Mémoires pour servir à l'histoire ecclésiastique des six premiers siècles. Seconde édition, revue, corrigée et augmentée. *A Paris, chez Charles Robustel, rue Saint Jacques, au Palmier*, 1701-1712, 16 vol. in-4, veau brun, dos ornés, tr. jasp. (*Rel. anc.*).

Edition rare de ce savant ouvrage, donnée par Tronchay, collaborateur de Tillemont, et augmentée d'une dissertation sur S. Jacques le Mineur.

105. **Toup** (Jonathan). Emendationes in Suidam et Hesychium et alios lexicographos graecos. *Oxonii, e typogr. Clarendoniano* 1790, 4 vol. in-8, demi-rel. veau fauve, fil., tr. jasp.

Bonne édition, donnée par Richard Porson, d'un ouvrage très estimé.

106. **VERSAILLES**. **Grande Galerie de Versailles** (La) et les deux salons qui l'accompagnent, peints par Charles Le Brun, premier peintre de Louis XIV, dessinés par Jean-Baptiste Massé peintre et conseiller de l'Académie royale de peinture et sculpture et gravés sous ses yeux par les meilleurs maîtres du tems. *A Paris, de l'Imprimerie Royale*, 1752, gr. in-folio, demi-rel. mar. rouge à long grain, tr. jaunes.

1 superbe portrait de Massé, gravé par Wille, d'après la peinture de Tocqué et 52 planches, dont le plus grand nombre *in-plano*, gravées par Aubert, Audran, Aveline, Beauvais, Car, Desplaces, Duflos, Dupuis aîné, Dupuis jeune, Cochin fils, Laurent, Michel Liotard, Lépicié, Preisler, Soubeiran, Sornique, Ravenet, Surugue père, Simonneau, Tardieu père, Tardieu fils, Thomassin et Wille, d'après Le Brun.

107.— **Labyrinte de Versailles** [avec l'explication en prose par Ch. Perrault et 39 fables en vers par Benserade]. *Suivant la copie de Paris. A la Haye, chez Rutgert Alberts*, 1724, pet. in-4 oblong, veau brun, dos orné, tr. jasp. (*Rel. anc.*).

1 frontispice et 40 planches gravés d'après les figures de Sébastien Le Clerc, avec les fables en regard.

108. **Winkelmann**. Histoire de l'Art de l'Antiquité. Traduite de l'allemand par M. Huber. *A Leipzig, chez l'auteur et chez Jean Gottl. Imman. Breitkopf*, 1781, 3 vol. in-4, frontisp. et fig. gravés, veau marbr., dos ornés, tr. rouges (*Rel. anc.*).

---

109. **Barlande** (Adrian). Chroniques des Ducs de Brabant, composées par Adrian Barlande, rhétoricien de Louuain, et nouuellement enrichies de leurs figures et pourtraits. Par la despense et vigilance de Iean Bapt. Vrient. *A Anvers, chez Iean Baptist Vrints, l'an M. DC. III.* (1603), pet. in-folio, fig. et portr. gravés par J. Colaert, vélin (*Rel. anc.*).

110. **Chroniques de Douai** ; recueillies et mises en ordre par M. le Président Tailliar. *Douai, L. Dechristé*, 1875-77, 3 vol. in-8, demi-rel. dos et coins de mar. vert olive, fil., têtes dor., non rog. (*Paul Vié*).

111. **Coustumes générales** de la cité et duché de Cambray, et du païs et conté de Cambresis : emologuées et decretées par Monseigneur l'Illustrissime et Reuerendissime Messire Loys de Berlaymont, archeuesque et duc de Cambray, Prince du Sainct-Empire, Comte de Cambresis, etc. *On les vend à Cambray chez Guillaume Robat, libraire demeurant au coing de la ruë Taueau sur le Marché.* [A la fin :] *A Douay, de l'imprimerie de Louys de Winde, l'an* 1574, in-4, lettres ornées, cart. parchem. ant.

112. **Dechristé** (Louis). Douai pendant la Révolution (1789-1802). Ouvrage composé exclusivement de documents inédits puisés aux Archives départementales du Nord et aux Archives communales de Douai. *Paris et Douai*, 1880, in-8, demi-rel. mar. rouge, fil., tête dor., non rog. (*Paul Vié*).

113. **Dehaisnes** (L'Abbé C.). Catalogue des Manuscrits de la Bibliothèque de Douai. *Paris, Imprimerie Nationale*, 1878, in-4, demi-rel. dos et coins de mar. grenat, tête dor., non rog.

114. **Douai avant le démantèlement.** Album de 100 phototypies. — Douai et ses monuments [Album de phototypies]. Aug. Boutique, amateur photographe. *Douai, impr. Robert et Lepage, — phototypie J. Royer, Nancy* ; 1891-1893, 2 albums in-8, planches montées sur onglets, demi-rel. mar. bleu, fil., têtes dor., non rog.

115. **Douai** son Histoire militaire. Ses Fortifications. Ouvrage publié par la Société d'agriculture, sciences et arts centrale du département du Nord. Frontispice de M. Ferdinand Dutert. Aquarelles et dessins de M. Henri Duhem. *Douai, Dechristé*, 1892, in-4, fig. en noir dans le texte, planches en couleurs hors-texte ; demi-rel. dos et coins de mar. rouge, fil., tête dor., non rog., couv. illust. (*Paul Vié*).

116. **Douai, Tournai, et les Flandres**, etc. (Réunion d'ouvrages concernant). *Paris et Douai*, 1843-1879, 7 vol. in-8 et pet. in-8, demi-rel., cart. ou br., couv.

Histoire des comtes de Flandre, jusqu'à l'avènement de la Maison de Bourgogne par Edward Le Glay, 2 vol. — Galerie douaisienne ou biographie des hommes remarquables de la ville de Douai (notices et portraits). — Biographies artistiques ou notes et documents pour servir à l'histoire musicale de Douai, par M. Léon Nutly. — Etude sur les principaux monuments de Tournai, par H. Du Mortier, fig. — Tableaux, vases sacrés, etc., des églises de Douai ; par Dechristé. — Souvenirs à l'usage des habitants de Douai.

117. **Escallier** (E. A.). L'Abbaye d'Anchin, 1079-1792. *Lille, Lefort*, 1852, gr. in-8, pl. hors-texte, se déployant, demi-rel. mar. rouge, dos orné, tr. peig.

118. **Francquart** (Jacobus). Pompa funebris principis Alberti III, archiducis Austriæ, ducis Burg., Brab., etc., veris imaginibus expressa a Jacobo Francquart, archit. reg., ejus dem. principis morientis vita, scriptore E. Puteano. *Bruxellæ*, OO. IOC. XXIII. [1623], in-folio oblong, vélin, dos orné, fil.

Volume curieux et rare, renfermant, outre un titre-frontispice gravé par Corn. Galle, 64 planches (dont 2 grandes, se déployant) représentant la chapelle ardente érigée dans la nef de Sainte-Gudule de Bruxelles, et tous les costumes des personnages qui ont figuré dans cette magnifique cérémonie.

Le texte explicatif est en latin, français, espagnol, et flamand.

119. **Grotius** (Hugo). Annales et histoires des troubles des Pays Bas. *A Amsterdam, de l'imprimerie de Iean Blaeu*, 1662, in-folio, veau brun, dos orné, tr. jasp. (*Rel. anc.*).

Edition rare.

Traduction dûe à Nicolas l'Héritier.

120. **Guicciardin** (Louis). Description de touts les Païs-Bas, autrement appellés la Germanie inférieure ou Basse Allemagne, par Messire Louis Guicciardin gentilhomme florentin: maintenant reveue et augmentée plus que de la moictié par le mesme autheur. Avec toutes les cartes geographiques desdicts païs, et plusieurs pourtraicts de villes tirées au naturel. Avec indice tresample des choses les plus memorables. *A Anvers, de l'imprimerie de Christophle Plantin, M. D. LXXXII* (1582) in-folio, cartes, plans et planches gravés hors-texte, dont plusieurs se déployant, veau brun, ais de bois biseautés, dos orné, plats gaufrés, milieux dor., tr. rouges (*Rel. de l'époque restaurée. — Mouillures*).

121. **Histoire de la vie de Mademoiselle Françoise Badar**, fondatrice, et première supérieure de la congrégation des filles de la Sainte Famille à Valenciennes. Avec les éloges de plusieurs filles et le reglement pour les pensionnaires de cette Maison. *A Liège, chez Jean-François Broncart*, 1726, in-8, portr. gravé, veau brun, tr. jasp. (*Rel. anc.*).

Ce recueil a été rédigé, d'après les Mémoires qu'avait laissés la fondatrice, par la sœur Marg.-Thér. Horion.

122. **MANUSCRIT DU XVIIe SIÈCLE**. En ce présent volume sont rédigées par escrit les **Chronicques de feu Mr. Jean Moulinet**, en son temps historiographe des tres-illustres

Maisons de Bourgogne et d'Austriche ; commençantes icelles chronicques en l'an 1474........ jusques et y compris l'an 1487, faisans le terme de 14 ans. Coppiées par le commandement de Son Exc. Mgr Albert Henry, Prince de Ligne, etc., par le soubsigné : R. d'Oncq, 1637. — En ce second volume sont rédigées par escrit les Chronicques de feu M. Jean Moulinet, etc......, commençantes icelles chronicques depuis la dure rencontre des Bourguignons deuant Béthune l'an 1487 jusques et compris le lamentable trespas du Roy Don Philippe de Castille, etc., quy fut en l'an 1506 ; quy sont pour le terme de 19 ans consécutifs. Coppiées par le commandement de Son Exc. Mgr le Prince de Ligne, etc., le 19e de nouembre 1639 par le soubsigné : R. d'Oncq. 1639. — Ensemble : 2 forts vol. in-folio, de 374 et 341 ff. chiffrés, plus les ff. prélimin. non chiffr. pour les tables ; mar. noir, dos ornés, fil., tr. dor., fermoirs de cuivre.

Manuscrits d'une très belle écriture de la première moitié du XVIIe siècle. Des notes manuscrites de l'époque, placées sur les gardes, nous apprennent que : « *Jean du Moulinet fut aumosnier et bibliothequaire de Marguerite d'Austriche ; il composa divers ouvrages en prose et en vers avec les présentes croniques ; ...il estoit chanoine de S. Gevy en la ville de Valenciennes et y est décédé l'an 1507* ». — « *Ces chroniques*, dit une autre note, *sont très rares et très estimées par les sçavants. L'original est d'un caractère très dificile à lire ; ainsi la présente copie étant exacte, l'on doit en faire cas* ».

Manuscrit intéressant et d'un parfait état de conservation.

123. **Manuscrit du XVIIIe siècle**. Cachereau du Sr Jean François Rousseau et de dlle Marie Margueritte Angélique sa sœure, enfans du sr Charles Rousseau et de dlle Anne Françoise Ruydan, seule enfant du sr Jean-Baptiste Ruydan et de dlle Marie Descamps, Pour les Biens maternels et pour les acqu. desd. sr et dlle Rousseau. *S. l. n. d.*, in-folio d'environ 200 ff. chiffr., avec table, vélin (*Rel. anc. falig.*).

Manuscrit d'une bonne écriture de la fin du XVIIIe siècle. Livre de comptes détaillés, relatifs au biens des personnes citées ci-dessus et autres; curieux à consulter, car il y est question de personnes, habitant Mons, Aufregnies, Baisieu, Bassely, Binch, Casteau, Douvrain, Eugiès, Feignies, Frameries. Gottignies, Herchies, Haspres, Labuissière, Lens, Migneau, Obourg, Saars-lez-Labuissière, Thieu, Viller-St. Ghislain, etc., etc., etc.

124. **MANUSCRIT DU XVIIIe SIÈCLE**. Dissertation sur l'origine des armes de la **Maison de Montmorency**, de ses cey de guerre; simbole et devise, avec la suite de vingt trois générations masculines et les seize nobles quartiers d'ailiances de Jean IIe du nom, seigneur de Montmorency, huitième ayeul de Mr Christian Louis de Montmorency-Luxembourg. *S. l. n. d.* (*Valenciennes* ? 1742) ; in-folio de plus de 100 ff. chiffr. plus

les ff. blancs, et des feuilles volantes, fig. d'armoiries, veau brun, dos orné, tr. jasp. (*Rel. anc.*).

L'épitre dédicatoire « à très haut et très puissant seigneur Mgr Christian Louis de Montmorency-Luxembourg est » signée : *Maloteau de Villerode.*

Une note écrite au commencement du volume nous apprend que le dit Maloteau (Ferdinand Ignace), chevalier, seigneur de Villerode, était, en 1742 « conseiller honoraire au Parlement de Flandres, ancien Prévost, chef des Magistrats, et conseiller pensionnaire héréditaire de la ville de Valenciennes ». Son manuscrit, d'une bonne écriture, est enrichi de nombreux *dessins d'armoiries*, la plupart rehaussées de couleurs et d'or.

125. **MANUSCRIT DU XVIIIe SIÈCLE.** Recueil des Mémoires du Sr Dehaupont de Pelegrin. *S. l. n. d.*, in-12 de 115 ff. chiffr., cart.

Curieux mémoires, contenant des anecdotes, des fragments de biographies, des lettres, intéressant des personnages ayant vécu au XVIIIe siècle, à Lille, St. Amand, et régions voisines de ces lieux.

126. **Manuscrit du XVIIIe siècle.** La Vie de Pierre Joseph du Mortier estudiant sintaxien, natif de Lille et mort à Douay l'an **1698**. *S. l. n. d.*, pet. in-12, cart.

Manuscrit d'une écriture droite du XVIIIe siècle — imitant les caractères d'imprimerie.

127. **Mémoires de la Société d'agriculture**, sciences et arts centrale du département du Nord, séant à Douai. [Troisième série : tomes IV à VII], 4 vol. — Célébration du centenaire, 1 vol. — Douai, 1891-99. — Ensemble : 5 vol. in-8, fig., cart. dos de percal., non rog. (*Paul Vié*).

128. **Souvenirs de la Flandre-Wallonne.** Recherches historiques et choix de documents rélatifs à Douai et à la Province. Publiés par une réunion d'amateurs et d'archéologues. *Paris et Douai*, 1861-69, 9 vol. in-8, demi-rel. mar. brun. dos ornés, tr. jasp.

129. **Strada** (Famianus). Histoire de la Guerre de Flandre. Traduite par P. Du-Ryer. *A Bruxelles, chez Joseph T'Serstevens*, 1712, 2 vol. — Supplément à l'Histoire des Guerres civiles de Flandre sous Philippe II, roi d'Espagne, du Père Famien Strada, et d'autres auteurs. *A Amsterdam, chez Pierre Michiels*, 1729, 2 vol. — Ensemble : 4 vol. in-12, frontisp., portr. et planches gravés hors-texte, veau, dos ornés, tr. rouges (*Rel. anc.*).

130. **Ternas** (le Chevalier Amédée de). La Chancellerie d'Artois, ses officiers et leur généalogie continuée jusqu'à nos jours. *Arras, Sueur-Charruey*, 1882, in-8, cart. dos de vélin blanc, tête rouge, non rog.

131. **VALENCIENNES**. Manuscrit du XVIIIe siècle relatif à la ville de Valenciennes et lieux circonvoisins. *S. l. n. d.* in-4, d'environ 500 pages dont quelques feuillets blancs intercalaires, veau marb., dos orné, tr. rouges (*Rel. anc.*).

Manuscrit d'une belle écriture du XVIIIe siècle. Compilation curieuse, et des plus intéressantes ; on y trouve des renseignements précis, une foule de détails, sur la contrée de Valenciennes, qui n'auraient pu prendre place dans un ouvrage livré à l'imprimerie. Nous citons, parmi ces quelques titres de chapitres, et au hasard : Suitte chronologique des comtes de Valenciennes. — Liste des Prévots. — Comment se fait un bourgeois de la ville de Valenciennes et du serment qu'il fait. — La Loi de Paix instituée par Baudouin 2 l'an 1114. — Ban fait par les Prévôt, jurés et échevins de Valenciennes en mars 1345. — Village de l'Epaix escliché. — Certificat touchant la ville de Valenciennes par Louis 14 le 17 mars 1677. — Noms des rues, cours, ponts et places publiques de la ville de Valenciennes, avec le nombre des maisons en 1767. — Au sujet de la taxe de la bière. — Etc., etc., etc.

On a joint quelques feuilles manuscrites : reçus, copies d'actes, etc.

LIVRES MODERNES

en tous genres

---

132. **Abrégé de l'Histoire romaine** ; orné de 49 gravures qui en représentent les principaux sujets. *Paris, Lécrivain, 1816*, in-4, cart., non rog.

1 frontispice et 46 figures (sur 48) hors-texte.

133. **Actes des Martyrs** (Les) depuis l'origine de l'Eglise chrétienne jusqu'à nos temps. Traduits et publiés par les RR. PP. Bénédictins de la Congrégation de France. *Paris, Julien, Lanier et Cie*, 1856-63, 4 vol. in-8, demi-rel. mar. vert foncé, têtes dor., non rog. (*Paul Vié*).

134. **Allard** (Paul). Œuvres. *Paris, Victor Lecoffre*, 1886-1903, 8 vol. in-8, demi-rel. dos et coins de mar. vert, têtes dor., non rog. (*Paul Vié*).

Histoire des persécutions pendant les deux premiers siècles. — Histoire des persécutions pendant la première moitié du IIIe siècle. — Les Dernières persécutions du IIIe siècle. — La Persécution de Dioclétien et le Triomphe de l'Eglise, 2 vol. — Julien l'Apostat, 3 vol.

135. **AMÉLINEAU** (E.). Œuvres. *Paris, Ernest Leroux*, 1887-1907, 16 vol. gr. in-4, in-4, gr. in-8, in-8 et in-12, fig., cart. dos de vélin blanc, têtes rouges, non rog. (*Paul Vié*).

Mémoires publiés par les membres de la Mission archéologique française au Caire. Tome IV : Monuments pour servir à l'Histoire de l'Egypte chrétienne, par E. Amélineau. — Histoire des monastères de la Basse Egypte. Vies des Saints Paul, Antoine, Macaire, Maxime et Domèce, Jean le Nain, etc. Texte copte et traduction française par E. Amélineau. — Histoire de Saint-Pakhôme et de ses communautés. Documents coptes et arabes inédits, publiés et traduits par E. Amélineau. — Œuvres de Schenoudi. Texte copte et traduction française (fascicules 1 et 2 du Tome I, br., couv.). — Notice des manuscrits coptes de la Bibliothèque nationale, renfermant des textes bilingues du Nouveau Testament.— Essai sur le Gnosticisme égyptien, ses développements et son origine égyptienne. — Notice sur le papyrus gnostique Bruce. Texte et traduction. — La Géographie de l'Egypte à l'époque copte. Ouvrage couronné par l'Académie des inscriptions et belles-lettres. — Les Actes des Martyrs de l'Eglise copte. Etude critique. — Essai sur l'évolution historique et philosophique des idées morales dans l'Egypte ancienne. — Histoire du patriarche copte Isaac (Etude critique, texte et traduction). — Les Nouvelles fouilles d'Abydos. — Pistis-Sophia. Ouvrage gnostique de Valentin. Traduit du copte en français avec une introduction. — Le Nouveau Traité gnostique de Turin. — Les Moines égyptiens. Vie de Schoundi.

136. **Anthologie des Poètes français de XIXe siècle**. 1762-1866. *Paris, Alphonse Lemerre, s. d.*, (1887-88) 4 vol. in-8, demi-rel. dos et coins de mar. vert, dos ornés, fil., têtes dor., non rog. (*Paul Vié*).

137. **Aristophane**. Traduction nouvelle [par Eugène Talbot]. Préface de Sully Prudhomme. *Paris, Alphonse Lemerre*, 1897, 2 vol. in-8, cart. dos de mar. rouge, dos ornés, têtes dor., non rog. (*Paul Vié*).

138. **Aubé** (B.). Histoire des Persécutions de l'Eglise. La Polémique païenne à la fin du IIe siècle. Fronton. Lucien. Celse. Philostrate. — Les Chrétiens dans l'Empire Romain, de la fin des Antonins au milieu du IIIe siècle [180-249]. — L'Eglise et l'Etat dans la seconde moitié du IIIe siècle (249-284). *Paris, Didier et Cie — Emile Perrin*, 1878-1885, 3 vol. in-8, demi-rel. mar. grenat, têtes dor., non rog. (*Paul Vié*).

139. **Auber** (L'Abbé). Histoire et Théorie du Symbolisme religieux avant et depuis le christianisme. *Paris, Féchoz et Letouzey*, 1884, 4 vol. in-8, cart. dos de mar. vert, dos ornés, têtes dor., non rog. (*Paul Vié*).

140. **Autre Monde** (Un). Transformations, Visions, Incarnations, ascensions, locomotions, explorations, pérégrinations, excursions, stations. Etc, etc, etc. Par Grandville. [Texte par Taxile Delord]. *Paris, H. Fournier*, 1844, in-4, pap. vélin fort, cart. mar. rouge, dos orné, fil., mil. à froid, dent. intér., tr. dor.

Ouvrage illustré de figures sur bois, dont un frontispice, en noir, et de planches tirées à part et coloriées.

141. **Babelon** (Ernest). Catalogue des Monnaies grecques de la Bibliothèque nationale. Les Rois de Syrie, d'Arménie et de

Commagène. *Paris, C. Rollin et Feuardent*, 1890, gr. in-8, reproduction de monnaies dans le texte et planches à l'héliotypie hors-texte, demi-rel. dos et coins de mar. grenat, dos orné, fil., tête dor., non rog. (*Paul Vié*).

142. **BALZAC**. Œuvres complètes [Edition définitive]. *Paris, Michel Lévy frères — Calmann-Lévy*, 1869-1876, 24 vol. in-8, portrait et fac-simile, demi-rel. chag. violet, tr. jasp.

143. **Banville** (Théodore de). Œuvres. *Paris*, 1850-1882, 5 vol. in-12, demi-rel. ou cart.

Odes funambulesques. — Nouvelles Odes funambulesques. — Florise. — Déïdamia. — Mes Souvenirs.

144. **Barbey d'Aurevilly** (J.). Ce qui ne meurt pas. *Paris, Alphonse Lemerre*, 1884, in-12, br.

Edition originale, avec la couverture.

145. **Barbey d'Aurevilly** (J.). Memoranda. Préface de Paul Bourget. *Paris, Ed. Rouveyre et G. Blond*, 1883, in-12, pap. de Hollande, portr. à l'eau-forte par Abot, br., couv.

Tiré à petit nombre.

146. **Barrès** (Maurice). Le Jardin de Bérénice. *Paris, Perrin et Cie*, 1891, in-12, br.

Edition originale, avec la couverture.

147. **Barthélémy** (L'Abbé). Voyage du Jeune Anacharsis en Grèce. Nouvelle édition avec figures et altas in-4. *A Paris, chez Etienne Ledoux*, 1824, 7 vol. in-8, portr. et fig. et 1 atlas in-4 oblong, demi-rel. chagr. vert, dos orné, tr. jasp.

148. **Barthélémy Saint-Hilaire** (J.). Le Bouddha et sa religion. *Paris, Didier et Cie*, 1860, in-8, cart. perc. noire, tête jasp., non rog.

149. **Barthélémy Saint-Hilaire** (J.). De l'Ecole d'Alexandrie. Rapport à l'Académie des Sciences morales et politiques, précédé d'un Essai sur la méthode des Alexandrins et les mysticismes, et suivi d'une traduction de morceaux choisis de Plotin. *Paris, Ladrange*, 1845, in-8, cart. dos de mar. rouge à long grain dos orné, tête dor., non rog. (*Paul Vié*).

150. **Baudelaire** (Charles). Œuvres. *Paris*, 1868-73, 7 vol. in-8, et in-12, demi-rel. ou cart.

L'Art romantique. — Petits Poèmes en prose. — Histoires extraordinaires. — Les Fleurs du Mal. — Souvenirs. Correspondances. Bibliographie.

Charles Baudelaire. Sa vie et son œuvre, par Charles Asselineau. — Essais de bibliographie contemporaine. I. Charles Baudelaire par MM. A. de La Fizelière et Georges Decaux.

151. **Berger** (Philippe). Histoire de l'Ecriture dans l'Antiquité. *Paris, Imprimerie Nationale*, 1891, in-8, fig. et planches hors-texte, cart. dos de vélin blanc, tête rouge, non rog. (*Paul Vié*).

152. **Berret** (Paul). Le Moyen-Age dans la Légende des Siècles, et Les Sources de Victor Hugo. 1 vol. — La Philosophie de Victor Hugo (1854-1859), 1 vol., fig. — *Paris, Henry Paulin et Cie s. d.*, et 1910, 2 vol. in-8, br., couv.

153. **Bertrand** (Louis). Gaspard de la Nuit. Fantaisies à la manière de Rembrandt et de Callot. Nouvelle édition, augmentée de pièces en prose et en vers, tirée des journaux et recueils littéraires du temps et précédée d'une introduction par M. Charles Asselineau. *Bruxelles, C. Muquart. Paris, René Pincebourde*, 1868, in-12, demi-rel. dos et coins de mar. orange, tête dor., non rog. (*Canape*).

Edition rare, donnée par Poulet-Malassis.

L'un des 350 exemplaires tirés sur **papier de Hollande** (n° 280) contenant le frontispice de **Félicien Rops**, sur Chine volant.

154. **Beulé**. Tibère et l'héritage d'Auguste. — Le sang de Germanicus. — Le Procès des Césars (IV) : Titus et sa dynastie. — Auguste, sa famille et ses amis. *Paris, Michel Lévy frères*, 1868-75, 4 vol. in-8, cart. percal. verte, têtes jasp., non rog.

155. **Bible** (La Sainte). Traduite par Lemaistre de Sacy. *Paris, Furne et Cie, s. d.*, 4 vol. gr. in-8 à 2 col., planches hors-texte gravées sur acier, demi-rel. chagr. noir, tr. dor.

154. **BIBLIOGRAPHIE.** Réunion de plus de 1.000 Catalogues de Libraires. Maisonneuve — Leroux — Perrin — Klincksieck — Bouillon — Quariteh — Welter — Pache — Delaroque — Gougy — Baillière — Lortic — etc. en 50 vol. in-8 cart. et un paquet de brochés.

157. **Bibliothèque de l'Enseignement de l'Histoire ecclésiastique**. *Paris, Victor Lecoffre — J. Gabalda et Cie*, 1898-

1909, 21 vol. in-12, cart. dos de mar. brun, dos ornés, têtes dor., non rog.

Allard. Le Christianisme et l'Empire romain de Néron à Théodose. — **Batiffol**. Anc. litt. chrétiennes. Littérature grecque. Littérature syriaque, 2 vol. — **Bréhier**. L'Eglise et l'Orient au Moyen Age. Les Croisades. — **Cabrol**. L'Angleterre chrétienne avant les Normands. — **Gougaud**. Les Chrétientés celtiques, br., couv. — **Guiraud**. L'Eglise et les origines de la Renaissance. — **Jacquier**. Histoire des livres du Nouveau Testament, 4 vol. — **Labourt**. Le Christianisme dans l'Empire perse. — **Leclercq**. L'Espagne chrétienne. — L'Afrique chrétienne, 2 vol. — **Parcoire**. L'Eglise byzantine de 527 à 847. — **Salembier**. Le Grand Schisme d'Occident. — **Tixeront**. Histoire des dogmes, 3 vol. (dont 2 br., couv.). — **Trésal**. Les Origines du Schisme anglican, 1509-1571.

158. **Bibliothèque d'un curieux**. *Paris, Alphonse Lemerre*, 1880-1898, 11 vol. in-12, pap. de Hollande, br., couv.

Olivier Basselin et le Vau de Vire. Avec Introduction et Notes par Armand Gasté, 1 vol. — La Marquise de Brinvilliers. Récit de ses derniers moments. Notes et documents, par G. Roullier, 2 vol. — Œuvres de Louise Labbé, publiées par Charles Boy, 2 vol. — Dernières poésies d'Olivier de Magny. Avec Notice et index par E. Courbet, 1 vol. — Œuvres poétiques de François de Maynard. Publ. par G. Garrisson, 3 vol. — Les Poésies françaises de Jean Passerat. Publ. avec notice et notes par Prosper Blanchemain, 2 vol.

159. **BIBLIOTHÈQUE GRECQUE** ; avec la traduction latine et les index (Collection de la). *Paris, Firmin-Didot*, 1845-1880, 32 vol. in-8 à 2 col., gr. et lat., demi-rel. dos et coins de mar. vert foncé, têtes dor., non rog. (*Paul Vié*).

Æliani Porphyrii Philosophi Philonis Byzantii opera. — Æschyli et Sophoclis Tragediæ. — Arriani Anabasis et indica Fragmenta scriptorum de rebus Alexandri M. Pseudo-Callisthenis. — Scholia græca in Aristophanem. — Aristophanis Comœdia et Fragmenta Menandri et Philemonis Fragmenta. — Diogenis Lærtii, vitæ philosophorum. — Epigrammatum Anthologia Palatina, 3 vol. — Euripidis fabulæ. — Euripidis et perditorum tragicorum fragmenta. — Flavii Josephi opera, 2 vol. — Fragmenta historicorum græcorum, 5 vol. — Herodotus ctesiæ et chronographorum fragmenta. — Hesiodi carmina Apollonii Argonautica, etc. — Homeri Carmina. — Vetus Testamentum græcum juxta LXX interpretes, 2 vol. — Novum Testamentum. — Pausanias Descriptio græciæ. — Philostratorum Eunapii Himerii opera. — Plotinus Porphyrius Proclus et Priscianus. — Plutarchi Opera. (Scripta Moralia, 2 vol. et fragmenta et spuria, 1 vol.). — Theocritus, Bion, Moschus, Nicander, Oppianus, Phile, etc. — Theophrasti Characteres Marcus Antoninus Epictetus, Simplicius, Cebes, Max Tyrius.

160. **BIBLIOTHÈQUE LITTÉRAIRE** (Petite). [Auteurs anciens]. *Paris, Alphonse Lemerre*, 1868-1909, 83 vol. pet. in-12, pap. de Hollande, portr. gravés, br., couv.

Arioste. Roland furieux. Traduction nouvelle, par Francisque Reynard, 4 vol. — Théâtre de **Beaumarchais**. Avec une notice et des notes par Ch. Beauquier. [Le Barbier de Séville. Le Mariage de Figaro], 2 vol. — Le Décaméron de Jean **Bocace**. Traduict d'italien en françoys par Maistre Antoine Le Maçon. Avec notice, notes et glossaire par Frédéric Dillaye, 5 vol. — Œuvres de **Boileau-Despréaux**. Texte de 1701. Avec notice, notes et variantes par Alphonse Pauly, 2 vol. — Théâtre de P. **Corneille**. Texte de 1682, avec notice et notes par Alphonse Pauly, 8 vol. — **Dante Alighieri**. La Divine Comédie. Traduction nouvelle, par Francisque Reynard, 2 vol. — Mémoires du Comte de Grammont, par Antoine **Hamilton**. Avec notice, variantes et index, par Henri Motheau, 1 vol. — L'**Heptaméron** des Nouvelles de Marguerite d'Angoulesme royne de Navarre. Texte des manuscrits avec notes, variantes et glossaire par Frédéric Dillaye. Notice par Anatole France, 3 vol.. — Œuvres de **Horace**. Traduction nouvelle par Leconte de Lisle. Avec le texte latin, 2 vol. — Œuvres de Mme de **La Fayette**. La Princesse de Clèves. Avec une notice par Maxime Formont, 1 vol. — Fables de **La Fontaine**. Avec notice et notes par Alphonse Pauly, 2 vol. — Contes et nouvelles en vers de La Fontaine. Texte original, avec notes par Alphonse Pauly, 2 vol. — Réflexions ou sentences et maximes morales de **La Rochefoucauld**. Textes de 1665 et de 1678, revus par Ch. Royer, 1 vol. — Œuvres de **Le Sage**. Le Diable boiteux [Notice par Anatole France], 2 vol. — Histoire de Gil Blas de Santillane. Avec notice et notes par A.-P. Malassis, 4 vol. — Théâtre. Avec notice et notes par Frédéric Dillaye, 1 vol. — **Longus**. Les Amours pastorales de Daphnis et de Chloé. Traduites par Jacques Amyot. Texte de 1559. Suivies de la traduction revue par Paul-Louis Courier. Précédées d'une notice par Etienne Charavay, 11 vol. — Les Œuvres de **Molière**. Avec Notes et variantes par Alphonse Pauly, 8 vol. — Molière. Sa vie et ses œuvres ; par J. Claretie, 1 vol. — Abbé **Prévost**. Histoire du Chevalier des Grieux et de Manon Lescaut, 1 vol. — Œuvres de **Rabelais**. Avec une notice par Maxime Formont, 4 vol. — Les Œuvres de Jean **Racine**. Texte original avec variantes. Notice par Anatole France, 5 vol. — Œuvres de **Regnard**. Avec notice et notes par Alexandre Piédagnel. Théâtre, 2 vol. — Œuvres de Mathurin **Regnier**. Texte original avec notice, variantes et glossaire par E. Courbet, 1 vol. — B. de **Saint-Pierre**. Paul et Virginie. Avec notices et notes par Anatole France, 1 vol. — **Scarron**. Le Roman comique. Avec notes par Frédéric Dillaye. Notice par Anatole France, 2 vol. — Lettres de Mme de **Sévigné**. Notice et notes par Maxime Formont, 2 vol. — **Sterne**. Tristram Shandy. Trad. nouv. par Alfred Héduin, 4 vol. — Comédies de **Térence**. Trad. par G. Hinstin, avec le texte latin, 3 vol. — Œuvres de **Virgile**. Trad. par G. Hinstin. 3 vol. — **Voltaire**. Romans. Avec notice, notes et variantes par Frédéric Dillaye, 3 vol.

161. **BIBLIOTHÈQUE LITTÉRAIRE** (Petite). [Auteurs contemporains]. *Paris, Alphonse Lemerre*, 1874-1909, **346** vol. pet. in-12, pap. vélin teinté, portraits, cart. dos de mar. de diverses couleurs, dos ornés, têtes dor., non rog. (*Vié-Sevin*).

Œuvres de L. **Ackermann**. Ma vie. Premières poésies. Poésies philosophiques, 1 vol. — **Anthologie** des poètes français depuis le XVe siècle jusqu'à nos jours, 1 vol. — Anthologie des poètes français jusqu'à la fin du XVIIIe siècle, 1 vol. — Anthologie des poètes français, XIXe siècle, 1 vol. — Anthologie des prosateurs français, 1 vol. — Œuvres de Paul **Arène**, Jean-des-Figues. Le Tor d'Entrays, etc., 1 vol. — Œuvres de J. **Barbey d'Aurevilly**, 13 vol. — Œuvres de Th. **de Banville**, 9 vol. — Œuvres de Auguste **Barbier**. Iambes et poëmes, 1 vol. — Œuvres de Paul **Bonnetain**. En Mer, 1 vol. — Œuvres de Louis **Bouilhet**. Festons et astragales. Melænis. Dernières chansons, 1 vol. — Œuvres de Ch.

Baudelaire, 7 vol. — Œuvres de Paul **Bourget**, 6 vol. — Œuvres de Jules **Breton**. Les Champs et la mer. Jeanne, 1 vol. — Œuvres de A. **Brizeux**, 4 vol. — Œuvres de Lord **Byron**, 3 vol. — Œuvres de **Chateaubriand**. Atala. René. Dernier Abencérage, 1 vol. — Œuvres de André de **Chénier**, 3 vol. — Œuvres de Léon **Cladel**, 8 vol. — Jules **Claretie**. Robert Burat. 1 vol. — Benjamin **Constant**. Adolphe, 1 vol. — Œuvres de François **Coppée**, 17 vol. — Œuvres de Alphonse **Daudet**, 21 vol. (dont 1 broché couv.) Œuvres de Madame A. Daudet. L'Enfance d'une parisienne. Enfants et mères, 1 vol. — Œuvres poétiques de Madame **Desbordes-Valmore**, 3 vol.—Œuvres de Léon **Dierx**, 2 vol.— Œuvres de Auguste **Dorchain**. Poésies, 1 vol. — Poésies de Léon **Duvauchet**, 1 vol. — Œuvres de François **Fabié**. Poésies, 3 vol. — Œuvres de Ferdinand **Fabre**, 4 vol.— Œuvres de Gustave **Flaubert**, 10 vol. — Œuvres de Anatole **France**. Poèmes dorés. Idylles et Légendes, etc, 1 vol. — Œuvres de Théo. **Gautier**, 10 vol. — Poésies de Philippe **Gille**. L'Herbier, 1 vol. — Œuvres de Albert **Glatigny**. Les Vignes folles. Les Flèches d'or. Gilles et Pasquin, 1 vol. Œuvres de **Goethe**. Faust, 2 vol. — Edmond et Jules de **Goncourt**. Œuvres, 6 vol. — Œuvres de Léon **Gozlan**, 3 vol. — Œuvres de Edouard **Grenier**, 3 vol. — Œuvres de Edmond **Haraucourt**. Les Ages. L'Espoir du Monde, 1 vol. José-Maria de **Hérédia**. Les Trophées, 1 vol. — Œuvres de Abel **Hermant**. Eddy et Paddy, 1 vol. — Œuvres de Paul **Hervieu**, 6 vol. — Œuvres de Victor **Hugo**, 32 vol. — Œuvres de Auguste **Lacaussade**. Les Epaves. Poèmes et paysages, 2 vol. — Œuvres de Georges **Lafenestre**. Poésies en 1 vol. — Œuvres de Jean **Lahor**. L'Illusion. En Orient, 2 vol. — Œuvres de **Lamartine**, 14 vol. — Œuvres de Victor de **Laprade**, 6 vol. — Œuvres de **Leconte de Lisle**. Poèmes, 4 vol. — Œuvres de Jules **Lemaitre**. Les Médaillons. Petites orientales. Une Méprise. Au jour le jour, 1 vol. — Œuvres de André **Lemoyne**, 5 vol. — Poésies et Œuvres morales de **Léopardi**, 3 vol. — Œuvres de Daniel **Lesueur**. Poésies, 1 vol. — **Le Livre des sonnets**, 1 vol. — Œuvres de Jules de la **Madeleine**. Le Marquis des Saffras, 1 vol. — Œuvres de Xavier de **Maistre**, 3 vol. — Œuvres de Jules **Michelet**, 28 vol. — Œuvres de Albert **Mérat** (Poésies), 1 vol. — Œuvres de Ephraïm **Mikhël**. Poésies. Poèmes en prose, 1 vol. — Œuvres de Frédéric **Mistral**, 4 vol. — Œuvres de Hégésippe **Moreau**, 2 vol. — Œuvres de : Alfred de **Musset** (10 vol.) et Paul de Musset (4 vol.).— Œuvres de Marcel **Prévost**. Le Scorpion. Chonchette, 2 vol. — Poésies posthumes de Henri Charles **Réad**, 1 vol. — Œuvres de A. **Renaud**, 2 vol. — Œuvres de **Sainte-Beuve**, Tableau de la poésie frnçaise au XVIe siècle. Poésies complètes, 4 vol. — Poésies de Armand **Silvestre**, 2 vol. — Œuvres de **Shakespeare**. (Traduction de François-Victor Hugo) 17 tomes en 16 vol. pap. vergé, br., couv. — Œuvres de Joséphin **Soulary**, 3 vol. — Œuvres de **Stendhal** (Henri Beyle). Le Rouge et le Noir, 2 vol. — Œuvres de **Sully Prudhomme**, 6 vol. — Œuvres de André **Theuriet**, 6 vol. — Œuvres de Léon **Valade**. Poésies, 2 vol.— Œuvres de Claude **Vignon**. Nouvelles, 1 vol. — Œuvres de Alfred de **Vigny**, 8 vol.

162. **BIBLIOTHÈQUE ORIENTALE**, Chefs-d'Œuvre littéraires de l'Inde, de la Perse, de l'Egypte et de la Chine. *Paris, Maisonneuve et Cie*, 1872-1881, 5 vol. gr. in-8, demi-rel. mar. chaudron, têtes dor., non rog.

I. Rig-Véda, ou Livre des Hymnes, traduit du sanscrit par A. Langlois. Deuxième édition, revue, corrigée et augmentée d'un index analytique par Ph.-Ed. Foucaux. — II. Chi-King, ou Livre des Vers ; traduit pour la première fois en français par G. Pauthier. — III. Introduction à l'Histoire du Boudhisme indien par E. Burnouf. Deuxième édition rigoureusement conforme à l'édition originale et précédée d'une Notice de M. Barthélémy Saint-Hilaire sur les travaux de M. Eugène Burnouf. — IV. Le Koran ; analyse d'après la traduction de M. Kasimirski et les observations de plusieurs autres savants orientalistes par Jules La Beaume. — V. Avesta. Livre sacré du Zoroastrisme. Traduit du texte Zend ; accompagné de notes explicatives et précédé d'une introduction à l'étude de l'Avesta et de la religion mazdéenne, par C. de Harlez. Deuxième édition revue et complétée.

163. **BOIGNE** (Comtesse de). Récits d'une tante. Mémoires de la Comtesse de Boigne, née d'Osmond. Publiés d'après le manuscrit original par M. Charles Nicoullaud. Portrait en héliogravure *Paris, Plon-Nourril et Cie*, 1907-1908, 4 vol. in-8, br., couv.

164. **Boileau.** Suite de 7 eaux-fortes, dont un portrait par Monziès d'après Cochin, pour illustrer les « Œuvres » de Boileau. [*Paris, Alphonse Lemerre, édit.*], in-8, en feuilles dans un carton.

Epreuves **avant la lettre**, en noir, sur **papier de Chine**.

165. **Boissier** (Gaston). La Fin du Paganisme. Etude sur les dernières luttes religieuses en Occident au quatrième siècle. *Paris, Hachette et Cie*, 1891, 2 vol. in-8, demi-rel. mar. bleu, têtes jasp., non rog.

166. **Bonnières** (Robert de). Œuvres. *Paris, Paul Ollendorff*, 1882-1895, 11 vol. in-12, cart. dos et coins de mar. citron, dos ornés, fil., têtes dor., non rog. (*Paul Vié*).

Contes des Fées. *Paris, Charavay frères*, 1881, pet. in-12, front. gravé, cart. soie bleu-pâle des édit., chemise, étui. (Exemplaire avec envoi et corrections de la main de l'auteur. — Les Monach. — Mémoires d'aujourd'hui (3 vol.). — Le Baiser de Maïna. — Jeanne Avril. — Le Petit Margemont. — Contes à la Reine (l'un des 5 exempl. sur wathman : n° 4). — Lord Eyland (2 exemplaires dont 1 sur Hollande).
Exemplaires — la plupart d'édition originale avec la couverture — enrichis d'envois autographes signés de Robert de Bonnières à André de Guerne.

167. **Borrelli** (Vicomte de). Arma. Avec un portrait. — Rimes d'Argent. — Les Dactyles. *Paris, Alphonse Lemerre*, 1890-1896, 3 vol. pet. in-8, cart. dos de percal., non rog.

Editions originales, avec les couvertures.
Envois autographes signés de l'auteur au Vicomte de Guerne.

168. **Bouchaud** (Pierre de). Œuvres. *Paris, Alphonse Lemerre* — et *Bernard Grasset*, 1895-1911, 10 vol. pet. in-8 et in-12, cart. dos de percal. brune, non rog.

Rythmes et nombres. — Vie manquée. — Les Mirages. — Histoire d'un baiser. — Le Recueil des Souvenirs. — Sur les chemins de la vie.

Michel-Ange à Rome. — La Pastorale dans le Tasse. — Les Heures de la Muse. — Les Lauriers de l'Olympe. — Le Luth doré (broché, couv.).
Editions originales, — la plupart avec la couverture.
Exemplaires enrichis d'envois autographes signés de Pierre de Bouchaud au Vicomte de Guerne.

169. **Bouché-Leclercq** (A.). Histoire de la divination dans l'antiquité. *Paris, Ernest Leroux*, 1879-82, 4 vol. in-8, demi-rel. chagr. rouge, têtes jasp., non rog.

170. **Bouché-Leclercq** (A.). Histoire des Lagides. *Paris, Ernest Leroux*, 1903-1907, 4 vol. in-8, br., couv.

I. Les cinq premiers Ptolémées. — II. Décadence et fin de la Dynastie. — III. Les Institutions de l'Egypte Ptolémaïque. — IV. *Ibid.* — Addenda et Index Général.

171. **Bourgeois** (Louise). Les Six couches de Marie de Médicis, reine de France et de Navarre, racontées par Louise Bourgeois, dite Boursier, sa sage-femme. Etude biographique notes et éclaircissements par le docteur Achille Chereau. Orné de deux portraits gravés sur cuivre. *Paris, Léon Willem — Paul Daffis*, 1875, in-16, pap. vergé, demi-rel. dos et coins de mar. rouge, dos orné, fil., tête dor., non rog.

Tiré à 350 exemplaires (n° 8).

172. **Bourget** (Paul). Œuvres. *Paris, Alphonse Lemerre*, 1878-95, et *Plon, Nourrit et Cie, s. d.*, 14 vol. in-12, cart. dos de percal. bleue, non rog.

André Cornélis. — Les Aveux. — Le Disciple. — Un Divorce. — Edel. — L'Emigré. — Essais de psychologie contemporaine. — L'Etape. — Mensonges. — Outre-Mer, 2 vol. — Pastels. — Physiologie de l'Amour moderne. — Sensations d'Italie.
Editions originales.

173. **Bourget** (Paul). Un Crime d'Amour. — La Terre promise. — Une Idylle tragique. *Paris, Alphonse Lemerre*, 1886-96. — Ensemble : 3 vol. in-12, cart. dos de percal. bleue, non rog. (*Paul Vié*).

Editions originales, avec les couvertures.
Envois autographes signés de Paul Bourget au Vicomte de Guerne.

174. **Brantôme.** Les Vies des dames galantes. D'après l'édition originale de 1666, et les copies et manuscrits de la Bibliothèque nationale, augmentées de notes critiques et historiques, et d'une notice sur Brantôme par Eugène Vignon ; gravures d'après H. Pille par Champollion. *Paris, Arnaud et Labat*, 1879, 3 vol. pet. in-12, pap. vergé, br., couv.

175. **Bricout** (J.). Où en est l'Histoire des Religions. *Paris, Letouzey et Ané*, 1911, 2 vol. in-8, br., couv.

Les Religions non chrétiennes. — II. Judaïsme et christianisme.

176. **Brochard** (Victor). Les Sceptiques grecs. *Paris, Imprimerie Nationale*, 1887, in-8, demi-rel. veau brun, fil., tête dor., non rog.

177. **Brun** (J.). Dictionarium Syriaco-latinum. *Beryti Phœniciorum*, 1895, fort vol. pet. in-8 à 2 col., demi-rel. veau rac., dos orné, tr. rouges (*Paul Vié*).

178. **Cahier** (Le P. Ch.). Caractéristiques des Saints dans l'art populaire énumérées et expliquées. *Paris, Poussielgue frères*, 1867, 2 vol. gr. in-4, nombr. illustrations dans le texte, demi-rel. chagr. bleu foncé, tr. jasp.

179. **Cahour** (Le P. Arsène). Bibliothèque critique des Poëtes français. *Paris, Charles Douniol*, 1863, 3 vol. in-8, cart. percal. brune, non rog.

180. **Cartault** (A.). Terres cuites grecques, photographiées d'après les originaux des collections privées de France et des Musées d'Athènes. Texte par A. Cartault. *Paris, Armand Colin et Cie*, *s. d.*, gr. in-4, nombr. planches de reproductions hors-texte, demi-rel. mar. vert foncé, tête dor., non rog.

181. **Castelnau** (Albert). Les Médicis. *Paris, Calmann Lévy*, 1879, 2 vol. in-8, cart. dos de mar. citron, fil. sur les dos, têtes dor., non rog. (*Paul Vié*).

182. **CAUMONT** (A. de). Abécédaire ou Rudiment d'Archéologie. Architectures civile et militaire. Ere Gallo-romaine. Architecture religieuse. *Caen, F. Le Blanc-Hardel*, 1869-70, 3 vol. in-8, portr. et très nombr. illustrations, cart. percal. grise, non rog.

183. **Centenaire de l'École Normale** (Le). 1795-1895. *Paris, Hachette et Cie*, 1895, fort vol. in-4, frontisp., portr., et planches hors-texte, cart. dos et coins de mar. vert olive, fil. sur le dos et les plats, tête dor., non rog. (*Paul Vié*).

L'Ecole Normale et son Centenaire, par Georges Perrot. — Les Boursiers de Louis le Grand. — L'Ecole Normale de l'an III, par Paul Dupuy. — Etudes et souvenirs. — Histoire de l'Ecole Normale de 1810 à 1895. — Les Directeurs. L'Enseignement. Variétés. — Etc., etc., etc.

184. **Chants populaires de la Bretagne** [Barzaz-Breiz] ; recueillis et publiés avec une traduction française, des arguments, des notes et des mélodies originales, par T.-Hersart de la Villemarqué. Troisième édition augmentée de trente-trois nouvelles ballades historiques. *Paris, Delloye — Garnier frères et Théophile Barrois*, 1845, 2 vol. in-12, demi-rel. mar. vert, non rog.

185. **Charcot** (J.-B.). Journal de l'Expédition antarctique française. (1903-1905). Le « Français » au Pôle Sud. Préface par l'Amiral Fournier. — Le « Pourquoi-pas ? » dans l'Antarctique. Journal de la deuxième expédition au Pôle sud. 1908-1910. Suivi des Rapports scientifiques des Membres de l'Etat-Major. Préface de Paul Doumer. *Paris, Ernest Flammarion, s. d.* — Ensemble : 2 vol. gr. in-8, très nombr. portr., cartes et photographies, cart. dos de percal. et br., couv.

186. **Chateaubriand**. Atala, René, le Dernier Abencérage. Préface de Mario Proth. 4 eaux-fortes de R. de Los-Rios. 14 vignettes de Fr. Régamey. *Paris, A. Quantin*, 1882, in-12, demi-rel. dos et coins de mar. rouge, dos orné, fil., tête dor., non rog. (*Paul Vié*).

L'un des 100 exemplaires tirés sur **papier du Japon** (n° 59) contenant les eaux-fortes en 2 **états** (avant la lettre, en bistre, et avec la lettre, en noir).

187. **Chateaubriand**. Mémoires d'Outre-Tombe. *Paris, Ch. Crouzet, s. d.*, 6 vol. in-8, cart. dos de mar. rouge, fil. sur les dos, têtes dor., non rog. (*Paul Vié*).

188. **CHATEAUBRIAND**. Œuvres complètes de M. le Vicomte de Chateaubriand. *Paris, Ladvocal*, 1826-1831, 31 vol. in-8, frontisp. gravés par Thompson, demi-rel. veau rouge, dos ornés, tr. jasp.

189. **CHÉNIER** (André). Les Bucoliques. Publiées d'après le manuscrit original par José-Maria de Hérédia. *Paris, [imprimé par Philippe Renouard] « Maison du Livre » [Charles Meunier]*, 1907, pet. in-8, portr. et fac-simile, br., couv.

L'un des exemplaires tirés spécialement pour les Membres fondateurs de la Société des *Amis du Livre moderne*.

190. **Chenevière** (Adolphe). Secret Amour. — Double faute. — Henri Vernol. — Amour de femme. — Perle fausse. — Quatre femmes. — L'Indulgente. — Le Roman d'un inquiet. — Idylle rouge. — Pour elles. *Paris, Alphonse Lemerre*, 1889-1903, 10 vol. in-12, cart. dos de percal. jaune, non rog.

Editions originales, avec les couvertures.

Exemplaires — la plupart tirés sur grand papier — enrichis d'envois autographes signés de Adolphe Chenevière au Vicomte de Guerne.
On y joint, du même :
Mon carnet de chasse. *Paris, Firmin-Didot et Cie, s. d.*, in-8, fig., cart. dos de mar. citron, dos orné, tête dor., non rog.

191. **Chevigné** (Comte de). Les Contes rémois. Edition miniature. *Epernay, Bonnedame père et fils* — [*Se trouve à Paris, chez Honoré Champion*], 1875, in-32, pap. vergé, portr. gravé par Adolphe Varin ; mar. brun, dent. intér., tr. dor. (*Canape*).

192. **Cisternes** (Raoul de). Journal de marche du Grenadier Pils. (1804-1814). Recueilli et annoté par M. Raoul de Cisternes. Illustrations d'après les dessins originaux de Pils. *Paris, Ollendorff*, 1895, 1 vol. — Le Duc de Richelieu. Son action aux conférences d'Aix-la-Chapelle. Sa retraite du pouvoir. *Paris, Calmann-Lévy*, 1898-99, 2 vol., portr. — Ensemble : 3 vol. in-8, demi-rel. mar. rouge et bleu, dos ornés, têtes dor., non rog. (*Paul Vié*).

Envois autographes signés de Raoul de Cisternes au Vicomte de Guerne.

193. **Cladel** (Léon). Bonshommes. — Crète-Rouge. — Mes paysans. La Fête votive de Saint-Bartholomée Porteglaive. — Les Va-nu-pieds. *Paris, G. Charpentier* et *Alphonse Lemerre*, 1872-1881, 4 vol. in-12, br.

Editions originales, avec les couvertures.

194. **Clément** (Félix). Les Musiciens célèbres, depuis le seizième siècle jusqu'à nos jours. Ouvrage illustré de 44 portraits gravés à l'eau-forte par Masson, Deblois et Massard, et de 3 reproductions héliographiques d'anciennes gravures par A. Durand. *Paris, L. Hachette et Cie*, 1868, in-8, demi-rel. chagr. rouge, dos orné, plats toile, tr. dor.

195. **Cochin** (Henry). Œuvres. *Paris*, 1890-1912, 6 vol. in-12, cart. dos et coins de mar. citron, fil., têtes dor., non rog., ou br., couv.

Boccace. Etudes italiennes. — Lettres de Francesco Nelli à Pétrarque. — Le Frère de Pétrarque et le livre du Repos des Religieux. — Jubilés d'Italie. — Lamartine et la Flandre. (fig). — Le Bienheureux Frà Giovanni Angelico de Fiesole (envoi autogr.).
Editions originales, avec les couvertures.

196. **COLLECTION DES CLASSIQUES FRANCOIS**, (avec les notes de tous les commentateurs). *Paris, Lefèvre* [*et Aimé André* ; — *Imprimerie de Jules Didot aîné*], 1824-1828, 73 vol. gr.,

in-8, portr., demi-rel. veau vert, dos ornés, non rog. (*Rel. de l'époque*).

Collection complète ; rare et estimée. En voici le détail :

1° Œuvres de Boileau, avec un nouveau commentaire par M. Amar, 4 vol., portr. par Fisco.

Exemplaire auquel on a ajouté : 1 portrait et 6 figures par Moreau pour le *Lutrin*.

2° Discours sur l'Histoire universelle par Bossuet. Edition augmentée des nouvelles additions et des variantes de texte, 2 vol.

3° Oraisons funèbres de Bossuet, avec des notes de tous les commentateurs, suivies du sermon sur l'unité de l'Eglise, 1 vol., portr. par Roger.

4° Œuvres de P. Corneille ; avec les notes de tous les commentateurs, 12 vol., portr. d'après Lebrun, gravé par Taurel.

Exemplaire enrichi de la suite de 24 figures de Moreau et Prudhon, dont 2 portraits par de S. Aubin.

5° Œuvres de Crébillon. Edition publiée par M. Parrelle, 2 vol., portr.

Exemplaire auquel on a ajouté la suite de 1 portrait par St. Aubin et 9 figures par Moreau.

6° Aventures de Télémaque, par Fénelon, avec des notes géographiques et littéraires, 2 vol., portrait gravé par Roger.

Exemplaire enrichi de la suite des 26 gravures de Moreau, dont 1 portrait gravé par Delvaux, — et une carte.

7° Œuvres diverses de Fénelon, 1 vol.

8° Oraisons funèbres de Fléchier, suivies des oraisons funèbres de Turenne, par Mascaron, du prince de Condé par Bourdaloue, 1 vol., portrait par Roger.

9° Les Caractères de La Bruyère ; suivi des Caractères de Théophraste, traduits du grec par lui-même, 2 vol. ; portr. par Taurel.

10° Œuvres de La Fontaine. Nouvelle édition revue, mise en ordre et accompagnée de notes par C. A. Walckenaer, 6 vol., portr. par Roger.

11° Réflexions ou sentences et maximes morales de la Rochefoucauld. 1 vol. portr. par Roger.

12° Histoire de Gil Blas de Santillane, par Le Sage ; avec des notes historiques et littéraires, par M. le Comte François de Neufchâteau. 3 vol., portrait par Roger.

Exemplaire auquel on a joint 1 carte et la suite des 9 gravures de Dessenne.

13° Œuvres choisies de Malherbe. Edition publiée par M. Parrelle. 2 vol., portr. par Roger.

14° Petit Carême de Massillon, suivi de sermons et de l'Oraison funèbre de Louis XIV, 1 vol., portr. par Roger.

15° Œuvres complètes de Molière. Edition publiée par L. Aimé-Martin, 8 vol., portrait par Taurel.

Exemplaire enrichi :

1° de la suite des 19 gravures de Desenne, dont 1 portrait ;

2° de un portrait et 29 figures par Moreau.

16° Essais de Michel de Montaigne. Edition publiée par J.-V. Le Clerc, 5 vol., portr. par Dupont.

17° Œuvres de Montesquieu. Edition publiée par L. Parrelle, 8 vol., portr.

18° Œuvres choisies de Parny, augm. de variantes de textes et de notes ; 1 vol., portrait par Roger.

19° Lettres écrites à un provincial, par Blaise Pascal, 1 vol.

20° Pensées de Blaise Pascal; suivies d'une nouv. table analytique, 1 vol., portr.

21° Œuvres complètes de Racine. Quatrième édition publiée par L. Aimé Martin.

Exemplaire enrichi de 1 portrait par St Aubin et 12 figures par Moreau.

22° Œuvres poétiques de J.-B. Rousseau, 2 vol., portr. par Taurel.

Taches de rousseur. — Cassures et déchirures à quelques feuillets.

197. **COLLECTION DES MEMOIRES** relatifs à la Révolution française, publiée par MM. Berville et Barrière. *Paris, Baudouin frères*, 1820-1827, 52 vol. in-8, cart. toile noire, tr. jasp.

Bon exemplaire.
Il ne manque à cette collection que 5 volumes : Mémoires du Duc de Gaëte (2 vol.), du Bon de Goguelat (1 vol.) de l'abbé Guillon (tome 3), du duc d'Enghien (1 vol.).
On y joint : Mémoires de P. L. Hanet Cléry. *Paris, Eymery*, 1825, 2 vol. in-8, cart.

198. **COLLECTION LEMERRE** [Classiques français]. *Paris, Alphonse Lemerre*, 1872-1906, 42 vol. in-8, pap. vergé de Hollande, br., couv.

Œuvres complètes de Théodore Agrippa d'Aubigné, publiées pour la première fois d'après les manuscrits originaux, accompagnées de Notices etc., par Eug. Réaume et de Caussade, 6 vol. — Œuvres de Boileau-Despréaux. Texte de 1701, avec notice, notes et variantes, par Alphonse Pauly, 2 vol. — La Chanson de Roland ; traduction nouvelle avec introduction et notes par L. Petit de Julleville, 1 vol. — Les Caractères de la Bruyère ; avec notice et notes par Charles Asselineau, 2 vol. — Œuvres de La Fontaine; avec notice, notes, variantes et glossaire, par Alphonse Pauly, 7 vol. — Œuvres de Molière ; accompagnées d'une Vie de Molière, de variantes et d'un glossaire par Anatole France, 7 vol. — Les Essais de Montaigne, avec notice, notes, etc. par E. Courbet et Ch. Royer, 5 vol. — Pascal. Pensées (2 vol.). Provinciales (2 vol.) avec préface et notes par Auguste Molinier. — Œuvres de Rabelais ; avec notice, variantes, etc. par Ch. Marty-Lavaux, 6 vol. — Œuvres complètes de Mathurin Régnier, avec notice, notes, etc. par E. Courbet, 1 vol. — Œuvres complètes de Fr. Villon, publ. par Aug. Longnon, 1 vol.

199. **Collection Lemerre illustrée**. *Paris, Alphonse Lemerre*, 1893-98, 10 vol. in-32, pap. vélin, illustrations de Myrbach, Jeanniot, Chabas, Orazi, Neymarr, Moisand, Paul Leroy ; br. couv.

Paul Bourget. Un Scrupule (2 exempl.). — Cervantès. Le Captif. Traduction de Auguste Dorchain. — François Coppée. Rivales. (Envoi autographe signé sur la couverture). — Contes tout simples (Envoi autog.) — Henriette. — Marcel Prévost. Le Mariage de Juliette. — Le Moulin de Nazareth. — Stendhal. L'Abbesse de Castro. — André Theuriet. Deuil de Veuve.

200. **Collection Lemerre**. *Paris*, 1876-1901, 10 vol. pet. in-12, cart. dos de percal., non rog.

Fallex (E.). Anthologie des Poètes latins, 2 vol. — P. **Gaffarel**. Histoire ancienne des peuples de l'Orient. — Ch. **Gidel**. Histoire de la littérature française depuis 1815 jusqu'à nos jours (deuxième partie). — E. **Halberg**. Histoire des littératures étrangères, 2 vol. — E. **Ledrain**. Histoire d'Israël, 2 vol. — E. **Talbot**. Histoire de la littérature grecque. — Mythologie grecque et mythologie latine.

201. **Commynes**. Mémoires de Philippe de Commynes. Nouvelle édition revue sur un manuscrit ayant appartenu à Diane de Poi-

tiers et à la famille de Montmorency-Luxembourg par R. Chantelauze. Edition illustrée d'après les monuments originaux de quatre chromolithographies et de nombreuses gravures sur bois *Paris, Firmin-Didot et Cie*, 1881, fort vol. gr. in-8, demi-rel. dos et coins de mar. vert foncé, tête dor., non rog.

202. **COPPÉE** (François). Œuvres. *Paris, Alphonse Lemerre*, 1878-1906, 24 vol. in-12, cart. dos de percal., non rog. (*Paul Vié*).

Les Récits et les Elégies. — La Guerre de cent ans. — Le Luthier de Crémone. — Le Trésor. — Madame de Maintenon. Severo Torelli. — Les Jacobites. — Contes en prose. — Vingt contes nouveaux. — Arrière saison. — Contes rapides. — Henriette. — Toute une Jeunesse. — Les Paroles sincères. — Les Vrais Riches. — Longues et brèves. — Mon Franc-parler (4 vol.). — Pour la Couronne. — Le Coupable. — La Bonne Souffrance. — A voix haute. — Dans la prière et dans la lutte. — Contes pour les jours de fête. — Des vers français. — François Coppée, par M. de Lescure.

La plupart des exemplaires sont d'édition originale et enrichis d'envois autographes signés de François Coppée au Vicomte de Guerne.

203. **Coppée** (François). Poésies. 1864-1869. Le Reliquaire. Intimités. Poèmes modernes. La Grève des Forgerons. *Paris, Alphonse Lemerre*, 1870, pet. in-12, pap. teinté, portr. mar. bleu, dent. intér., tête dor., non rog.

204. **Couat** (Auguste). La Poésie Alexandrine sous les trois premiers Ptolémées (324-222 av. J.-C.). *Paris, Hachette et Cie*, 1882, in-8, demi-rel. mar. vert, tête dor., non rog. (*Paul Vié*).

205. **Coussemaker** (E. de). Drames liturgiques du Moyen-Age. (Texte et musique). *Rennes, H. Vatar*, 1860, in-4, demi-rel. mar. grenat, dos orné, fil., tête dor., non rog.

206. **Cooper** (J. Fenimore). Œuvres complètes. *Paris, Charles Gosselin*. 1827-30, 27 vol. in-18, titres gravés et fig. hors-texte sur Chine collé ; cart. toile bleue, tr. jasp.

Précaution, 3 vol. — Le Pilote, 3 vol. — Lionel Lincoln, 3 vol. — Le Dernier des Mohicans, 3 vol. — Le Corsaire rouge, 3 vol. — Puritains d'Amérique, 3 vol. — Les Pionniers, 3 vol. — L'Espion, 3 vol. — La Prairie, 3 vol.

207. **Crébillon.** Œuvres. *A Paris, chez Antoine-Augustin Renouard* (*de l'imprimerie de Crapelet*), 1818, 2 vol. in-8, portr. et fig., demi-rel. dos et coins de mar. rouge, dos ornés, fil., têtes dor., non rog.

1 portrait par Saint-Aubin et 9 figures par Moreau, gravées par Boscq. Delvaux, Ribault et Simonet (raccommodage au titre du Tome Ier).

208. **CREUZER** (Frédéric). Religions de l'Antiquité ; considérées principalement dans leurs formes symboliques et mythologiques. Ouvrage traduit de l'allemand, refondu en partie, complété et développé par J.-D. Guigniaut. *Paris, Treuttel et Würtz*, 1825-1841, 4 vol. en 10 parties in-8, dont 1 de planches, demi-rel. mar. brun, dos ornés, tr. jasp.

Traduction de beaucoup préférable à l'original à cause des importantes corrections, des modifications et développements qu'elle contient.

209. **Croiset** (Alfred et Maurice). Histoire de la Littérature grecque. *Paris, Ernest Thorin-Albert Fontemoing*, 1887-99, 5 vol. in-8, demi-rel. mar. vert, têtes dor., non rog. (*Paul Vié*).

210. **Curel** (François de). La Nouvelle Idole. Pièce en trois actes. *Paris, P.-V. Stock*, 1899, in-12, br.

Edition originale, avec la couverture.

211. **CURTIUS** (Ernest). Histoire grecque. Traduite de l'allemand sur la cinquième édition par A. Bouché-Leclercq, 5 vol. — Atlas, 1 vol. — *Paris, Ernest Leroux*, 1883-1894, 6 vol. in-8, demi-rel. dos et coins de mar. vert, têtes dor., non rog. (*Paul Vié*).

212. **Cyrano de Bergerac**. Voyages fantastiques de Cyrano de Bergerac. Publiés avec une introduction et des notes par Marc de Montifaud. *Paris, Librairie des Bibliophiles (Jouaust)*, 1875, in-12, br., couv.

L'un des 300 exemplaires tirés sur papier vergé teinté (n° 284).

213. **Damascius le Diadoque**. Problèmes et solutions touchant les premiers principes avec le tableau sommaire des Doctrines des Chaldéens de Michel Psellus. Traduits pour la première fois et accompagnés de commentaires et d'un index très développé par A. Ed. Chaignet. *Paris, Ernest Leroux*, 1898, 3 vol. in-8, cart. dos de chagr. grenat, dos ornés, têtes dor., non rog., (*Paul Vié*).

214. **Danse des Morts** (La) dessinée par Hans Holbein, gravée sur pierre par Joseph Schlotthauer, expliquée par Hippolyte Fortoul. *Paris, Jules Labitte, s. d.*, in-12, fig., cart. toile verte, tr. jasp.

215. **Dante**. Opere Poetiche di Dante Alighieri, con note di diversi per diligenza e studio di Antonio Buttura. *Parigi, Lefebvre*, 1823, 2 vol. pet. in-8, portr., veau brun, dos ornés, fil. dor. et dent. à froid encadrant les plats, dent. intér., tr. dor. (*Bibolet*).

216. **Darmesteter** (James). Etudes iraniennes. *Paris, F. Vieweg*, 1883, 2 vol. in-8, cart. dos de mar. bleu, dos ornés, têtes dor., non rog.

217. **Darzens** (Rodolphe). L'Amante du Christ. Scène évangélique, en vers ; représentée au Théâtre-Libre le 19 octobre 1888. Préface de E. Ledrain. *Paris, Alphonse Lemerre*, 1888, broch. in-8.

Edition originale, rare, avec la couverture, et le frontispice de **Félicien Rops** (sur papier de Hollande).

218. **Daudet** (Alphonse). La Petite Paroisse. Mœurs conjugales. *Paris, Alphonse Lemerre*, 1895, in-12, br.

Edition originale, avec la couverture un peu déchirée.
Exemplaire sur papier vélin.

219. **DAVILLIER** (le baron Ch.). Recherches sur l'Orfèvrerie en Espagne, au Moyen-Age et à la Renaissance. Documents inédits tirés des Archives espagnoles. Dix-neuf planches gravées à l'eau-forte d'après l'ancien dessin de maîtrise, dessins dans le texte par Fortuny, Edouard de Beaumont, Madrazo, etc. *Paris, A. Quantin*, 1879, in-4, demi-rel. dos et coins de mar. rouge, tête dor., non rog.

L'un des exemplaires tirés sur **papier vélin**.

220. **Decharme** (P.). Mythologie, de la Grèce antique. Ouvrage orné de quatre chromolithographies et de 178 figures d'après l'antique. *Paris, Garnier frères*, 1879, in-8, demi-rel. mar. bleu foncé, tête dor., non rog.

221. **Depont** (Léonce). Le Triomphe de Pan. *Paris, Editions de la « Revue des Poètes » — Librairie Plon, s. d.* (1905), in-12, cart. dos de percal. verte, non rog. (*Paul Vié*).

Edition originale, avec la couverture.
Envoi autographe signé :
« *Au Vicomte de Guerne*
le plus affectueux souvenir de
Léonce Depont ».

222. **Derenbourg** (J.). Essai sur l'Histoire et la géographie de la Palestine, d'après les Thalmuds et les autres sources rabbiniques. Première partie : Histoire de la Palestine depuis Cyrus jusqu'à Adrien. *Paris, Imprimerie Impériale* [*A. Franck, libr.*] 1867, in-8, demi-rel. mar. rouge, tête dor., non rog. (*Paul Vié*).

223. **DICTIONNAIRES**. 18 vol. in-4, gr. in-8 et in-8, demi-rel. ou cart.

Dictionnaires : Grec-français d'Alexandre ; Belèze. Vie Pratique ; Bachelet et Dezobry. Lettres, beaux-arts, sciences morales et politiques, 2 vol. ; Biographie, histoire et géorgraphie, etc., 2 vol. ; Boyer. Angl.-franç. ; Dietz. Allem.-franç. ; Martigny, des Antiquités ; Ozaneaux : franç.-grec ; Quicherat : latin-franç.; Rich : Antiqu. romaines ; Sommer. Lexique grec ; Suckau : allem.-français ; etc., etc., etc.

224. **Diderot** (D.). Le Neveu de Rameau. Publié par A. Storck. Gravure à l'eau-forte de F. Dubouchet, d'après un dessin de A. Hirsch. *Lyon, Genève, Bâle*, — *H. Georg*, 1875, pet. in-8, pap. vergé de Hollande, demi-rel. dos et coins de mar. vert clair, dos orné et mosaïqué, fil., tête dor., non rog. (*Canape*).

Tiré à petit nombre.

225. **Didron**. Iconographie chrétienne. Histoire de Dieu. *Paris, Imprimerie Royale*, 1843, in-4, figures dans le texte, demi-rel. dos et coins de veau fauve, fil., tête rouge, non rog.

226. **Didron**. Manuel d'iconographie chrétienne, grecque et latine ; avec une introduction et des notes ; par Didron ; traduit du manuscrit byzantin, le Guide de la peinture, par le Dr Paul Durand. *Paris, Imprimerie royale*, 1845, in-8, demi-rel. mar. grenat, dos orné, tête dor., non rog. (*Paul Vié*).

227. **Diehl** (Charles). Justinien et la civilisation byzantine au VIe siècle. *Paris, Ernest Leroux*, 1901, in-4, nombr. illustrations hors-texte et dans le texte, cart. dos de mar. vert-foncé, dos orné, tête dor., non rog.

On y joint, du même :
L'Art byzantin dans l'Italie méridionale. *Paris, Librairie de l'Art. s. d.*, in-8, fig., cart. dos de mar. rouge, dos orné, tête dor., non rog.

228. **Dierx** (Léon). Les Amants. Poésies. *Paris, Alphonse Lemerre*, 1879, in-12, cart. dos de percal., non rog.

Edition originale, avec la couverture.

229. **Dierx** (Léon). Poésies complètes. Edition corrigée et augmentée. *Paris, Alphonse Lemerre*, 1889-90, 2 vol. in-12, cart. dos et coins de mar. rouge, dos ornés, fil., têtes dor., non rog., couv. (*Paul Vié*).

Envois autographes signés :
« *A de Guerne*
son ami
Léon Dierx ».

230. **Dion Cassius**. Histoire romaine. Traduite en français avec des notes critiques, historiques, etc., et le texte [grec] en regard ; par E. Gros [et continué par V. Boissée]. *Paris, Firmin Didot frères*, 1845-1870, 10 vol. in-8, demi-rel. dos et coins de mar. grenat, tête dor., non rog.

231. **Divers**. Réunion de 20 vol. pet. in-12, in-18 et in-32, la plupart reliés.

Œuvres de : Béranger. — Désaugiers. — Scarron. — Aristophane. — Etc., etc., etc.

232. **Divers**. Réunion de 20 vol. in-8, demi-rel., cart., ou br., couv.

Abélard. Drame inédit par Ch. de Rémusat. *Paris, Calmann-Lévy*, 1877. — L'Art héraldique par Gourdon de Genouillac. *Paris, Quantin, s. d.*, fig. — Manuel d'archéologie étrusque et romaine, par J. Martha. *Paris, Quantin, s. d.* (fig.). — Manuel d'archéologie pratique par l'abbé Pierret. *Paris, Didron*, 1864. — Campagnes du roi Amaury Ier en Egypte au XIIe siècle, par Gustave Schlumberger. *Paris, Plon*, 1906, fig. et carte. — Jérusalem ; par Victor Guérin. *Paris, Plon*, 1889. — Codes français par Bourguignon et Royer-Collard. *Paris, Warée*, 1844. — Guyot. Dictionnaire universel des hérésies. *Paris et Lyon*, 1847. — Müntz. La Mosaïque chrétienne pendant les premiers siècles. *Paris*, 1893. — Les Maitres d'autrefois. Belgique. Hollande. *Paris, E. Plon et Cie*, 1876. — Servienne, par Léon Barracand. *Paris, Charavay*, 1886 (fig.). — Rubens et l'Ecole d'Anvers, par Michiels. *Paris, Delahays*, 1854. — Boulland. Doctrine politique du christianisme. *Paris, Labitte*, 1845. — Schleicher. Les Langues de l'Europe moderne. *Paris, Ladrange et Garnier frères*, 1852. — Commodiani Carmina. *Vindobonæ*, 1887. — Sur les sources de la Cosmogonie de Sanchoniathon, par le Baron d'Eckstein. *Paris, imp. imp.* 1860. — L'Education de la volonté, par Payot. *Paris, Alcan*, 1902. — Anthropogénie ou Histoire de l'évolution humaine par Hæckel. *Paris, Reinwald*, 1877 (fig.). — La Mort et le Diable, par Gener. *Paris, Reinwald*, 1880. — Mommsen. Etude sur Pline le Jeune. Trad par Morel. *Paris, Franck*, 1873.

233. **Divers**. Réunion de 20 vol. in-8, demi-rel., cart. ou br., couv.

Les Allemands, par le Père Didon. *Paris, Calmann-Lévy*, 1884. — Correspondance entre Boileau-Despréaux et Brossette, publ. par Aug. Laverdet. *Paris, Techener*, 1858. — Souvenirs du Baron de Frénilly, publ. par Arthur Choquet. *Paris, Plon*, 1908, portr. — Mémoires du baron Fain. *Paris, Plon*, 1908, portr. — Mémoires de Mme de La Ferronnays. *Paris, Ollendorff*, 1899. — Ern. Lavisse. La Jeunesse du Grand Frédéric. *Paris, Hachette et Cie*, 1891. — Comte de Ségur. Le Maréchal de Ségur. *Paris, Plon*, 1895, portr. — Général-Baron Girod. Dix ans de mes souvenirs militaires. *Paris, Dumaine*, 1873 (*envoi autogr. sig.*). — Benfey. Ueber das Verhaltniss der Agyptischen Sprache. 1844. — Leemans. Descript. des monuments égyptiens du musée de Leide. *Leide*, 1840. — Dufeu. Découverte de l'âge et de la véritable destination des quatre pyramides de Gizeh. *Paris, Morel*, 1873. — Nansen. Vers le Pôle. *Paris, Flammarion, s. d.* (fig.). — Comte d'Haussonville. Ma jeunesse. *Paris, Calmann Lévy*, 1885. — Michelet. Le Banquet. *Paris*,

Calmann Lévy, 1879. — Abel Lefranc. Histoire du collège de France. *Paris, Hachette et Cie*, 1893. — Alex. Bertrand. Les Etudes dans la Démocratie. *Paris, Alcan*, 1900. — Alph. Daudet. Tartarin sur les Alpes. *Paris, Calmann Lévy*, 1885, fig.). — Lévy-Siegel und Gemmen. *Breslau*, 1869 ; — Paul Bourget. Cosmopolis. *Paris, Alph. Lemerre*, 1893 (fig. — Lévy. Phönozische studien. *Breslau*, 1856.

234. **Divers**. Réunion de 10 vol. gr. in-8, demi-rel. ou cart.

Collection des auteurs latins (Venance Fortunat. Frontin, Végèce, Modestus, Eutrope, Sextus Rufus, Pomponius Méla). *Paris*, 1878-1887, 4 vol. — Le P. Simon Martin et le P. Fr. Giry. Vie des Saints. *Bar-le-Duc, Laguerre*, 1858, 4 vol. — Godescart. Les Vies des Saints. *Paris, Furne et Cie*, 1858 (fig. gr.). — Catulle Mendès. Le Mouvement poétique français de 1867 à 1900. *Paris, Fasquelle (Impr. Nat.)*, 1903.

235. **Divers**. Réunion de 10 vol. gr. in-8, demi-rel. ou cart.

Des Essarts. Les Célébrités françaises. *Paris, Vermot*, 1862, fig. — Dumont d'Urville. Voyage autour du monde. *Paris, Tenré*, 2 vol. fig. — Flammarion. Astronomie populaire. *Paris*, 1890, fig. — Eyriès. Voyage en Asie et en Afrique. *Paris, Furne et Cie*, 1839, fig. — A. d'Orbigny. Voyage dans les deux Amériques. *Paris, Tenré*, 1836, fig. — De Lescure. Marie-Antoinette et sa famille. *Paris, Ducrocq, s. d.*, fig. — Pouchet. L'Univers. *Paris, Hachette et Cie*, 1868, fig. — Batissier, Histoire de l'Art monumental. *Paris, Furne et Cie*, 1845, fig. — Jérusalem et la Terre Sainte. *Paris, Morizot*, 1865, fig.

236. **Divers**. Réunion de 20 vol. in-8, demi-rel., cart., ou br., couv.

De La Berge. De rebus byzantiorum ante Constantinum. *Paris*, 1878. — Eugène Talbot (not. nécrol., portr.). — Eichoff. Poésie héroïque des Indiens. *Paris, Durand*, 1860. — Kutter. Clemens Alexandrinus. *Giessen*, 1897. — Fouillée. Histoire de la Philosophie. *Paris, C. Delagrave*, 1887. — Brunschwicg. Spinoza. *Paris, Alcan*, 1894. — Bréal. Mélanges de mythologie. *Paris, Hachette*, 1877. — Bouchet. Hémérologie. *Paris, Dentu*, 1868. — Aksakof. Animisme et Spiritisme. *Paris, Leymarie*, 1895, portr. —— Orellius. Sanchoniatonis fragmenta, 1826. — Le Zohar. Trad. Chateau. *Paris, Chamuel*, 1895. — Syrian and palestinian inscriptions. *London*, 1891. — Buchon. Choix d'ouvrages mystiques. *Paris*, 1852. — Paparigopoulo. Histoire de la civilisation hellénique *Paris, Hachette et Cie*, 1878. — Maigron. Le Romantisme et les mœurs. *Paris, Champion*, 1910. — Matter. Swendenborg. *Paris, Didier et Cie*, 1863. — Waliszewski. Marysienka. *Paris*, 1898. — Wallon. De la croyance due à l'Evangile. *Paris, Le Clerc et Cie*, 1866. — Berger. Etude sur les Ophites. *Nancy*, 1873. — De la Ville de Mirmont. La Mythologie et les Dieux dans les Argonautiques et dans l'Enéide. *Paris*, 1894.

237. **Divers**. Réunion de 10 vol. gr. in-8, demi-rel. ou cart.

La Harpe. Cours de Littérature. *Paris, Firmin-Didot frères*, 1840, 3 vol. — Hugo (A.). France militaire. Histoire des Armées françaises. *Paris, Delloye*, 1833, 5 vol. portr., fig. et planches. — Chronique de Denys de Tell-Mahré. Trad. Chabot (Quatrième partie). *Paris, Bouillon*, 1895. — Les Poésies de Catulle Mendès. *Paris, Sandoz et Fischbacher*, 1876, portr.

238. **Divers**. Réunion de 20 vol. in-4 et gr. in-8, demi-rel., cart. ou br., couv.

Lévy. Un Tanah. *Paris, Maisonneuve et Cie*, 1883. — Le Livre des parterres fleuris. *Paris, Bouillon*, 1889. — Catalogue des signes hiéroglyphiques de l'Impr. Nat., 1873. — Brugsch. Inscriptio Rosettana. *Benolini*, 1851. — Barges Temple de Baal à Marseille. *Paris*, 1847, fig. — Hoffman. Julianos der Abtruenige. *Leiden*, 1880.— Graetz. Emendationes in plerosque Vet. Test. libros. — Lenormant. Etude sur les fragments coptes. *Paris*, 1852. — Dulaurier. Examen de quelques points de doctrines. *Paris, Didot*, 1847. — Actes du II Congrès des Orientalistes. *Paris, Leroux*, 1898. — Collect. Strauss. *Poissy*, 1878. — Lethierry-Barrois. Hébreu primitif. *Paris, Franck*, 1867.— J. de Morgan. Etudes sur la préhistoire et l'histoire. *Paris, Leroux*, 1909. — Pouillet. Physique et météorologie. *Paris, Hachette*, 1853, 2 vol. et 1 atlas. — Chabas. Choix de textes égyptiens, 1883. — Bréal. Sur le déchiffrement des inscriptions cypriques, 1877. — Berger. Mém. sur l'inscript. du temple Athor-Miskah, 1899. — Groff. Les deux versions démotiques du décret de Canope. *Paris, Leroux*, 1888.

239. **Divers**. Réunion de 20 vol. in-8, in-12 et pet. in-12. (*Rel. anc.*).

Manoury. Le Jeu des dames à la polonoise. *Paris, chez l'auteur*, 1787. — Les Batailles mémorables des François depuis le commencement de la monarchie jusqu'à présent. *A Paris, chez la veuve Mabre-Cramoisy*, 1696, 2 vol., frontisp. gravé. — Les Délices de la France. Nouv. édit. *A Bruxelles, chez Louis de Wainne*, 1721, 3 vol. — De la Sagesse. Trois Livres par Pierre Charron. *A Paris, chez Hérissant fils*, 1768, 2 vol. — Portrait de la femme forte et vertueuse. *A Paris, chez J. Josse*, 1729. — Œuvres choisies de Mme Deshoulières. *Paris, Didot l'aîné*, 1795, portr. et fig. — Delille. Géorgiques de Virgile. *Genève*, 1785. — De regno Daniæ et Norwegiæ. *Lugd. Bat., Elzevir*, 1629. — Liber Psalmorum (manq. le titre). — Titus Lucretius carus de rerum natura. *Amst. Jansonium*, 1620. — Ciceronis epistolæ familiares. *apud Ant. Vincentium, Ludguni, s. d.* — L'Adone. Poema heroïco del C. Marino. *Parigi. th. Jolly*, 1678, 4 vol., (armoiries sur les plats). — Genèse (*texte hébreu*) Quinque libri legis (Elzév.).

240. **Divers**. Réunion de 20 vol. gr. in-8, demi-rel., cart., ou br., couv.

De Plutarchi Familiaribus. *Parisiis, Plon Nourrit et Cie*, 1886. — Biblia hebraica. *Lipsiæ*, 1879. — Deissmann. Bibelstudien. *Marburg*, 1895. — Biré. Mes Souvenirs. *Paris, Lamarre, s. d.* — Gimazane. Ammien Marcellin, sa vie et son œuvre. *Toulouse*, 1889. — Euringer. Des Masora-text des Koheleth, 1890. — Waliszewski. Ivan le Terrible. *Paris, Plon-Nourrit et Cie*, 1904.— Feige. Die Geschichte des Mâr Abhdisô, 1890. — Ledrain. Dictionn. des noms propres palmyréniens. *Paris, Leroux*, 1886. — Martin. Le Brigandage d'Ephèse, 1874.— Siouffi. Etudes sur la religion Soubbas. *Paris, Impr. Nat.*, 1880. — Hanotaux. Histoire du Cardinal de Richelieu. *Paris, Firmin-Didot et Cie, s. d.*, 2 vol. — S. Lévi. Quid de græcis veter. indor. monumenta trad. 1890. — Raabe. Die Geschichte des dominus Mari, 1893. — Amann. Le Protévangile de Jacques. *Paris, Letouzey et Ané*, 1910. — Doncieux. Le Père Bouhours. 1886.— Tertullien. Trad. Genoude. — Œuvres. *Paris, Vivès*, 1852, 2 vol. — La Sainte Bible. *Paris, Hachette*, 1841.

241. **Divers**. Réunion de 20 vol. in-8, demi-rel., cart. ou br.

Le Vicaire de Wakefield, par Goldsmith ; trad. en français avec le texte anglais en regard par Ch. Nodier. *Paris, Bourgueleret*, 1838 ; fig. — Aventures de Robinson Crusoé, par Daniel de Foé. *Paris, Lehuby, s. d.* ; fig. — History of Tom Jones, by Fielding. *Paris, Baudry*, 1831, 2 vol. — Œuvres dramatiques de Racine. *Paris, Lefèvre*, 1837, portr. — Œuvres de Blaise Pascal. *Paris, Firmin Didot frères*, 1833, 2 vol. — Lettres inédites de Lacordaire. *Paris, Poussielgue frères*, 1874. — Les Leçons de la Nature, par Cousin-Despréaux. *Lyon et Paris*, 1830, 2 vol. — Portraits et caractères de personnages distingués de la fin du XVIIIe siècle, par Sénac de Meilhan. *Paris, Dentu*, 1813. — De la Démocratie en Amérique, par Alexis de Tocqueville. *Paris, Gosselin*, 1839, 4 tomes en 2 vol. — E. Neumann. Verwandtschaft Buddhist. und Christl. Lehren. *Leipzig, s. d.* — Wyss. Le Robinson suisse. *Paris, Lehuby, s. d.* ; fig. — Histoire de Napoléon et de la Grande Armée par le Comte de Ségur. *Paris, Baudouin frères*, 1825, 2 vol. portr. et cart. — G. Simon. Le Roman de Sainte-Beuve *Paris, Ollendorff*, 1906. — Tasse. Jérusalem délivrée. *Paris, Bossange*, 1803, 2 vol. portr. et fig.

242. **Divers**. Réunion de 20 vol. in-4 et gr. in-8, demi-rel., cart., ou br., couv.

Waille. De Caesareae monumentis, quæ supersunt. *Alger*, 1891. — Le Bon. L'Homme et les sociétés. *Paris, Rothschild*, 1881 (fig.). — X. de Maistre. Œuvres. *Paris, Garnier frères, s. d.* (fig.). — Poujoulat. Histoire de la Révolution. *Tours*, 1860. (fig.). — St. Jérôme. Œuvres. *Paris*, 1858. — Pierret. Essai sur la mythologie égyptienne. *Paris. Vieweg*, 1879. — Maspero. Notice biographique du Vicomte de Rougé. *Paris, Leroux*, 1908, portr. — Viteau. De Eusebii Cæsar. duplici opusculo, 1893. — Beurlier. De divinis honoribus quos acceperunt Alexander et successores ejus, 1890. — Acta markadaghi ed. J. B. Abbeloos, 1890. — La Légende syriaque de St. Alexis, 1889. — Gallé. Daniel, avec comm. de Saadia. *Paris, Leroux*, 1900 (*envoi aut. sig.*). — Goldschmidt. Biblioth. æthiopica, 1893. — Chabot. La Légende de Mar Bassus. *Paris, Leroux*, 1893. — Fouqueray. Histoire de la Compagnie de Jésus. *Paris, A. Picard et fils*, 1910. (Tome I). — Wogue. Histoire de la Bible. *Paris, Imp. Nat.*, 1881. — Commentaire sur le Séfer Yesina. 1891. — Chenu. Histoire naturelle. Conchyliologie. *Paris, Dubochet*, 1847. — Despiques. Oudinot et Marbot. 1896. — A. de Belleval. Du Costume militaire en 1446. *Paris, Aubry*, 1866 (fig.).

243. **Dodillon** (Emile). Dehors. — La Grande. — Le Purgatoire de Mme Roblin. — Jean Lamy. — La Voix sacrilège. — La Montagne et la Mer. — Un Moblot briard au siège de Paris. *Paris, Alphonse Lemerre*, 1896-1910, 6 vol. in-12, cart. dos de percal., et 1 vol., br., couv. — Ensemble : 7 vol.

Editions originales, avec les couvertures.
Envois autographes signés de Emile Dodillon au Vicomte de Guerne.

244. **Dorchain** (Auguste). La Jeunesse pensive. Poésies. Préface de Sully-Prudhomme (Troisième édition). — Vers la Lumière. Poésies. — Pour l'Amour. Drame en quatre actes en vers. *Paris, Alphonse Lemerre*, 1893-1901, 3 vol. — L'Art des Vers.

Paris, Bibliothèque des « Annales », s. d., 1 vol. — Ensemble : 4 vol. in-12, cart. dos de percal. grise, non rog.

Editions originales, avec les couvertures.
Envois autographes signés de Auguste Dorchain au Vicomte de Guerne.

245. **Dostoievsky** (Th.). Le Crime et le Châtiment, 2 vol. — Humiliés et offensés. — Les Pauvres Gens. — Souvenirs de la Maison des Morts. *Paris, E. Plon, Nourril et Cie*, 1884-88, 5 vol. in-12, cart. dos de percal. grise, non rog.

Editions originales, avec les couvertures.

246. **Doughty** (Charles). Documents épigraphiques recueillis dans le nord de l'Arabie. *Paris, Imprimerie Nationale*, 1884, in-4, papier vergé de Hollande, nombr. planches de reproductions hors-texte, demi-rel. mar. bleu, tête jasp., non rog.

247. **Droysen** (J.-G.). Histoire de l'Hellénisme. Traduite de l'allemand sous la direction de A. Bouché-Leclercq. *Paris, Ernest Leroux*, 1883-85, 3 vol. in-8, demi-rel. dos et coins de mar. rouge, tête dor., non rog.

248. **Druon** (H.). Histoire de l'Education des Princes dans la Maison des Bourbons de France. *Paris, P. Lethielleux, s. d.*, 2 vol. in-8, cart. dos de mar. rouge, fil. sur les dos, têtes dor., non rog. (*Paul Vié*).

249. **Du Fouilloux** (Jacques). La Vénerie. Précédée de quelques notes biographiques et d'une notice bibliographique [rédigée par le baron Jérôme Pichon]. *Angers, Charles Lebossé*, 1844, gr. in-8, figures sur bois dans le texte, demi-rel. dos et coins de mar. vert, dos orné, tête dor., non rog. (*Cape*).

250. **Dulaure** (J.-A.). Histoire physique, civile et morale de Paris. Sixième édition augmentée de notes nouvelles et d'un appendice contenant des détails descriptifs et historiques sur tous les monuments récemment élevés dans la capitale, par J.-L. Belin, avocat. 8 vol et 1 atlas. — Histoire physique, civile et morale des environs de Paris, depuis les premiers temps historiques jusqu'à nos jours, etc. Deuxième édition revue et annotée par J.-L. Belin, avocat. 6 vol. *Paris, Furne et Cte*, 1837-38. — Ensemble : 14 vol. in-8 et 1 atlas pet. in-4 obl., nombr. fig. hors-texte, demi-rel. veau brun, fil., tr. jasp.

251. **Dumas** (Alexandre). Œuvres. *Paris, Michel Lévy frères,* 1871-74, 22 vol. in-12, cart., tr. jasp.

Le Comte de Monte-Christo, 6 vol. — Le Bâtard de Mauléon, 3 vol. — La Dame de Monsoreau, 3 vol. — Les Quarante-cinq, 3 vol. — La Femme au collier de velours, 1 vol. — Le Chevalier d'Harmental, 2 vol. — Théâtre, 1 vol. — Amaury, 1 vol. — Ascanio, 2 vol. br., couv.

252. **Duruy** (Victor). Histoire des Romains, depuis les temps les plus reculés jusqu'à la fin du règne des Antonins. *Paris, Hachette et Cie*, 1870-85, 7 vol. in-8, demi-rel. mar. vert, tr. jasp.

253. **Dutert** (Ferdinand). Le Forum romain et les forums de Jules César, d'Auguste, de Vespasien, de Nerva et de Trajan. Etat actuel des découvertes et étude restaurée. *Paris, A. Lévy*, 1876, in-folio, planches hors-texte, demi-rel. veau fauve, tête dor., non rog. (*Paul Vié*).

254. **ENTRETIENS POLITIQUES ET LITTÉRAIRES.** *Paris* (de l'origine ; no 1, 1er mars 1890, à février 1893), 3 années en 26 fascicules in-12, couv.

Revue devenue rare, dirigée par Francis-Vielé-Griffin et à laquelle collaborèrent Paul Adam, Henri de Régnier, Bernard Lazare, André Gide, J. Laforgue, P. M. Olin, Georges Lecomte, Thomas Carlyle, Emile Goudeau, A. Ferdinand Hérold, Georges Vanor, etc., etc., etc.

255. **Epiphanius**. Epiphanii Episcopi Constantiae Opera. Edidit G. Dindorfius. *Lipsiae, Weigel*, 1859, 5 vol. pet. in-8, cart. dos de vélin blanc, tr. rouges.

256. **Euting** (Julius). Nabataïsche Inschriften aus Arabien. — Sinaïtische Inscriften. *Berlin, Georg Reimer*, 1885-1891, 2 vol. in-4, nombr. planches et reproductions, hors-texte et dans le texte, cart., dos de mar. rouge, dos ornés, têtes dor., non rog.

257. **Evangiles apocryphes** (Les) ; traduits et annotés d'après l'édition de J. C. Thilo, par Gustave Brunet. Suivis d'une notice sur les principaux livres apocryphes de l'Ancien Testament. Deuxième édition augmentée. *Paris, Albert L. Hérold*, 1863, in-12, cart. dos et coins de percal., non rog.

258. **Fabre** (Ferdinand). Œuvres. *Paris, G. Charpentier et Cie* et *Alphonse Lemerre*, 1878-1889, 5 vol. in-12, cart. dos de percal. verte, non rog.

Les Courbezon. — Julien Savignac. — Ma Vocation. — Norine. — Le Roman d'un Peintre.

259. **Fauche**. Une Tétrade, ou Drame, hymne, roman et poème ; traduit pour la première fois du sanscrit en français par Hippolyte Fauche. *Paris, A. Durand*, 1861-63, 3 vol. in-8, cart. toile grise, têtes jasp., non rog.

I. La *Mritchhakatika*, drame en dix actes. — II. La *Mahimna : Stava*, hymne. — III. Le *Daça-Koumara-Tcharitra*, roman par Dandi. — IV. Notice sur l'identité probable de *Kalidâsa* et de *Mâtrigoupta*. — V. Le *Çiçoupâla-Badha*, poème en 20 chants par Mâgha. — VI. *Lexique* des mots oubliés dans les dictionnaires et qu'on trouve employés dans le *Çiçipâla-badha*.

260. **Feuillet** (Octave). Œuvres. *Paris, Michel Lévy frères* — et *Calmann-Lévy*, 1872-1881, 10 vol. in-12, demi-rel. veau rouge, têtes peig., ou br., couv.

Amours de Philippe. — Bellah. — Histoire d'une Parisienne. — Le Journal d'une Femme. — Julia de Trécœur. — Un Mariage dans le Monde. — Monsieur de Camors. — La Petite Comtesse. — Le Roman d'un jeune homme pauvre. — Sybille.

261. **Firdousi** (Abou'lkasim). Le Livre des Rois [Schah-Nameh]. Traduit et commenté par Jules Mohl. Publié par Mme Mohl. *Paris, Imprimerie Nationale*, 1876-78, 7 vol. in-12, cart. percal. grise, têtes jasp., non rog.

262. **Flaubert** (Gustave). Œuvres. *Paris, Charpentier* et *Alphonse Lemerre*, 1874-1884, 7 vol. in-12, cart., ou br., couv.

Bouvard et Pécuchet. — Education sentimentale. — Lettres à George Sand ; précédées d'une Etude par Guy de Maupassant. — Salammbô. — La Tentation de Saint-Antoine. — Trois Contes : Un Cœur simple ; La Légende de Saint-Julien l'Hospitalier ; Hérodias.

263. **Flaubert** (Gustave). La Tentation de Saint-Antoine. *Paris, Charpentier et C*[ie], 1874, in-8, demi-rel. dos et coins de mar. rouge, dos orné, fil., tête dor., non rog. (*Canape*).

Edition originale.
L'un des 75 exemplaires tirés sur **papier de Hollande** (n° 67).

264. **Flaubert** (Gustave). Suite de 7 eaux-fortes, dont un frontispice, dessinées et gravées par Boilvin, pour illustrer « Madame Bovary ». *Paris, Alphonse Lemerre*, 1876, in-16, en feuilles, dans le cart. de l'éditeur.

265. **Fond du sac** (Le) ou Recueil de contes en vers et en prose et de pièces fugitives. *Paris, Leclere*, 1866, in-12, pap. vergé, frontisp. et fig. gravés dans le texte, mar. vert-clair, dent. intér., tête dor., non rog.

Réimpression faite, à Lyon, *chez Louis Perrin*, à 400 exemplaires.

266. **Foulon de Vaulx** (André). Œuvres. *Paris, Alphonse Lemerre*, 1894-1910, 8 vol. in-12, cart. dos de percal. brune, non rog. (*Paul Vié*).

Les Jeunes Tendresses. — Les Floraisons fanées. — Les Vaines Romances. — La Vie éteinte. — L'Accalmie. — L'Allée du Silence. — La Statue mutilée. — La Fontaine de Diane (br., couv.).
Editions originales, avec les couvertures.
Exemplaires enrichis d'envois autographes signés de André Foulon de Vaulx au Vicomte de Guerne.

267. **Four Gospels in Syriac** (The) transcribed from the sinaitic Palimpsest ; by the late Robert L. Bensly, M. A ; and by J. Rendel Harris, M. A ; and by F. Crawforg Burkitt. M. A. With an introduction by Agnes Smith Lewis. *Cambridge*, 1894, in-4, reproduct. hors-texte, demi-rel. dos et coins de mar. vert olive, dos orné, fil., tête dor., non rog. (*Paul Vié*).

268. **FRANCE** (Anatole). Les Désirs de Jean Servien. *Paris, Alphonse Lemerre*, 1882, in-12, cart. dos de percal. grenat, non rog. (*Paul Vié*).

Edition originale, avec la couverture.

269. **France** (Anatole). Les Dieux ont soif. *Paris, Calmann-Lévy, s. d.*, in-12, br.

Edition originale, avec la couverture.

270. **France** (Anatole). L'Ile des Pingouins. *Paris, Calmann-Lévy, s. d.*, in-12, cart. dos de percal. verte, non rog.

Edition originale.

271. **France** (Anatole). Œuvres. *Paris*, 1889-99, 9 vol. in-12, cart. dos de percal. verte, non rog.

Balthazar. — Thaïs. — Le Lys rouge. — Pierre Nozière. — Crainquebille, Putois, Riquet et plusieurs autres récits profitables. — Histoire contemporaine : L'Orme du Mail. Le Mannequin d'osier. Monsieur Bergeret à Paris. L'Anneau d'améthyste.

272. **Franck** (Ad.). La Kabbale, ou la Philosophie religieuse des Hébreux. *Paris, Hachette et Cie*, 1889, in-8, demi-rel. veau fauve, fil., tête rouge, non rog.

273. **Freppel** (Mgr). Œuvres. *Paris, Retaux-Bray*, 1885-1893, 11 vol. in-8, demi-rel. mar. brun, dos ornés, têtes dor., non rog.

Les Apologistes chrétiens au IIe siècle, 2 vol. ; Clément d'Alexandrie. — Commodien, Arnobe, Lactance. Fragments inédits. — Origène, 2 vol. — Les Pères apostoliques et leur époque. — Saint-Cyprien et l'Eglise d'Afrique au IIIe siècle. — Saint Irénée et l'éloquence chrétienne dans la Gaule pendant les deux premiers siècles. — Tertullien, 2 vol.

274. **Funck-Brentano** (Frantz). Le Drame des Poisons. — Légendes et archives de la Bastille. — L'Affaire du Collier. *Paris, Hachette et Cie*, 1900-1901, 3 vol. in-12, portr. et fig., cart. dos de percal. rouge, non rog., couv.

275. **Gautier** (Judith). Le Dragon impérial. — Le Collier des Jours (3 vol.). — La Conquête du Paradis. *Paris*, 1869-1890, 5 vol. in-12, cart. dos de percal. bleue, non rog.

Editions originales.

276. **Gautier** (Judith). Khou-n-Atonou (Fragments d'un papyrus). *Paris, A. Colin et Cie*, 1898, in-12, cart. dos de percal., non rog. (*Paul Vié*).

Edition originale, avec la couverture.
Envoi autographe signé :
« *au Vte de Guerne*
Judith Gautier ».

277. **Gautier** (Théo). Mademoiselle de Maupin. Nouvelle édition. *Paris, G. Charpentier*, 1878, in-12, portr., cart. dos et coins de mar. citron, dos orné, fil., tête dor., non rog., couv. (*Paul Vié*).

L'un des 75 exemplaires tirés sur **papier de Hollande** (n° 38).

278. **Gautier** (Théo). Poésies complètes. *Paris, Charpentier et Cie*, 1875-76, 2 vol. in-12, cart. dos et coins de mar. citron, dos ornés, fil., têtes dor., non rog., couv. (*Paul Vié*).

L'un des 100 exemplaires tirés sur **papier de Hollande**.

279. **Gautier** (Théo). Le Tombeau de Théophile Gautier. *Paris, Alphonse Lemerre*, 1873, in-4, pap., vergé portrait-frontisp. gravé, mar. bleu foncé, dos orné, compart. de fil. dor. avec fleurons aux angles encadrant les plats, dent. intér., tr. dor. étui (*Canape*).

280. **Gautier** (Théo). Œuvres. *Paris, Charpentier et Cie*, 1866-77, 12 vol. in-12, cart. dos de percal., tr. jasp.

Le Capitaine Fracasse, 2 vol. — Emaux et camées. — Histoire du Romantisme. — Les Jeunes France. — Mademoiselle de Maupin. — Poésies. — Le Roman de la Momie. — Romans et contes. — Spirite. — Théâtre. — Théophile Gautier, par E. Bergerat.

281. **Gazette des Beaux-Arts**. Courrier européen de l'Art et de la Curiosité. [Onzième année ; Deuxième période : 1869 à 1870.] *Paris*, 1869-70, 2 années en 4 vol. in-4, très nombr. reproductions gravées hors-texte et fig. dans le texte, demi-rel. chagr. bleu, dos ornés, tr. peig.

282. **Gesenius** (Guilielmus). Thesaurus Philologicus Criticus linguæ hebraeae et chaldaeae Veteris Testamenti. *Lipsiæ*, 1835-53, 3 vol. in-4, à 2 col., demi-rel. dos et coins de mar. vert foncé, têtes dor., non rog.

Ouvrage rare du célèbre orientaliste.

283. **Gibbon** (Edouard). Histoire de la décadence et de la chute de l'empire romain. Traduite de l'anglais par F. Guizot. Nouvelle édition, entièrement revue et corrigée, précédée d'une Notice sur la vie et le caractère de Gibbon, et accompagnée de notes critiques et historiques, relatives, pour la plupart, à l'histoire de la propagation du christianisme. *A Paris, chez Lefèvre*, 1819, 13 vol. in-8, veau fauve, dos ornés, dent. à froid, dent. intér., tr. marbr.

284. **Gide** (André). Maurice Denis. Le Voyage d'Urien. *Paris, Librairie de l'Art indépendant*, 1893, pet. in-4 carré, illustrations en coul., cart. dos et coins de mar. vert olive, dos orné, fil., tête dor., non rog. (*Paul Vié*).

Edition originale, avec la couverture illustrée.
L'un des exemplaires tirés sur **papier de Hollande**.
Envoi autographe, signé :
« *à Monsieur André de Guerne, en hommage,*
André Gide ».

285. **Gide** (André). Les Nourritures terrestres. — Le Voyage d'Urien suivi de Paludes. *Paris, Mercure de France*, 1897, ens. 2 vol. in-12, demi-rel. mar. vert olive, fil., tête dor., non rog. (*Paul Vié*).

Editions originales.
Envois autographes signés de André Gide au vicomte de Guerne.

286. **Gide** (André). Paludes. *Paris, Librairie de l'Art indépendant*, 1895, pet. in-4 carré, cart. dos et coins de mar. vert, fil., tête dor., non rog. (*Paul Vié*).

Edition originale, avec la couverture.
L'un des exemplaires tirés sur **papier de Hollande** (n° 8).
Envoi autographe signé :
« *à André de Guerne, en hommage*
André Gide ».

287. **Gide** (André). Philoctète. Le Traité du Narcisse. La Tentative amoureuse. El Hadj. *Paris, Mercure de France*, 1899, in-12 carré, demi-rel. mar. vert foncé, tête dor., non rog. (*Paul Vié*).

Edition originale, avec la couverture.
Tiré à 300 exemplaires sur **papier vergé d'Arches** (nº 124).
Envoi autographe signé :
« *à André de Guerne, en cordial souvenir*
André Gide ».

288. **Gide** (André). La Tentative amoureuse. *Paris, Librairie de l'Art indépendant*, 1893, in-12 carré, pap. teinté, cart. dos et coins de mar. bleu à long grain, fil., tête dor., non rog. (*Paul Vié*).

Edition originale, avec la couverture.

289. **Glaire** (J.-B.). Introduction historique et critique au livre de l'Ancien et du Nouveau Testament. *Paris, A. Jouby et Roger*, 1868-69, 5 vol. in-8, cart. dos de toile bleue, tr. jasp.

290. **Goncourt** (Edmond et Jules de). L'Amour au XVIIIe siècle. *Paris, E. Dentu*, 1875, in-16, texte dans un encadrement, frontisp. gravé à l'eau-forte par Boilvin, mar. rouge, dos orné, fil. encadrant les plats, dent. intér., tr. dor.

Première édition séparée d'un chapitre de la *Femme au XVIIIe siècle.*

291. **GONCOURT** (Edmond et Jules de). L'Art du dix-huitième siècle. Troisième édition revue et augmentée et illustrée de planches hors texte. *Paris, A. Quantin*, 1880-82, 2 vol. in-4, pap. vergé de Hollande, demi-rel. dos et coins de mar. bleu, compart. de fil. dor. sur les dos, fil. sur les plats, têtes dor., non rog. (*Paul Vié*).

292. **Goncourt** (Edmond et Jules de). Œuvres. *Paris, Charpentier*, 1876-1884, 9 vol. in-12, cart. dos de percal. grise, non rog.

Madame Gervaisais. — Manette Salomon. — Charles Demailly. — La Faustin. — Chérie. — La Fille Elisa. — La Maison d'un Artiste (2 vol.). — Les Frères Zemganno.

293. **Goncourt**. Journal des Goncourt. Mémoires de la vie littéraire. *Paris, G. Charpentier et Cie*, 1888-1896, 9 vol. in-12, cart. dos de percal. grise, non rog., couv. (*Paul Vié*).

294. **Goudeau** (Emile). Fleurs du Bitume. Petits Poèmes parisiens. *Paris, Alphonse Lemerre*, 1878, in-12, cart. dos de percal. rouge, non rog.

Edition originale, avec la couverture.

295. **Graëtz** Histoire des Juifs. Traduit de l'allemand par Wogue [et Moïse Bloch]. *Paris, A. Lévy* [et *A. Durlacher*], 1882-1896, 5 vol. in-8, demi-rel. mar. rouge, têtes dor., non rog.

296. **Grèce ; Egypte ; Ethiopie.** Réunion de 10 vol. gr. in-8 et in-8, demi-rel. ou cart.

Théodore Reinach. Mithridate Eupator, roi de Pont. — Foucart. De Collegiis Scenicorum Artificum apud Græcos. — Des Associations religieuses chez les Grecs. — A. Marrast. La Vie byzantine au VIe siècle. — A. Lods. Le Livre d'Hénoch. Fragments grecs. — Lafaye. Histoire du culte des divinités d'Alexandrie hors de l'Egypte. — Bérard. De l'origine des cultes arcadiens. — De Rouge. Géographie ancienne de la Basse Egypte. — Libri Enoch prophetæ versio Æthiopica : ed. Laurence. — Analecta Alexandrina. — Scrips. Meineke.

297. **GROTE** (G.). Histoire de la Grèce, depuis les temps les plus reculés jusqu'à la fin de la génération contemporaine d'Alexandre le Grand. Traduit de l'anglais par A.-L. de Sadous, Seule édition française autorisée par l'auteur. Avec cartes et plans. *Paris, Librairie internationale. — A Lacroix, Verboeckhoven et Cie*, 1864-67, 19 tomes en 10 vol. in-8, demi-rel. chagr. vert, tr. peig.

298. **Gruyer** (Paul). Victor Hugo photographe. *Paris, Charles Mendel*, 1905, in-4, texte encadré d'un filet rouge, très nombr. reproductions photograph., cart. dos de percal., non rog. couv. illust. (*Paul Vié*).

299. **Guéranger** (Le R. P. dom Prosper). Institutions liturgiques, 3 vol. — Défense des Institutions liturgiques, 1 vol. — *Paris et Le Mans*, 1840-1851. — Ensemble : 4 vol. in-8, demi-rel. mar. noir, têtes dor., non rog. (*Paul Vié*).

300. **GUÉRIN** (Charles). Le Semeur de Cendres. 1898-1900. *Paris, Mercure de France*, 1901, in-12, cart. dos de percal., non rog.

Edition originale, avec la couverture.

301. **Guerne.** (le Vicomte de). Le Bois sacré. *Paris, Alphonse Lemerre*, 1898, gr. in-12 carré, demi-rel. dos et coins de mar. vert, tête dor., non rog. (*Paul Vié*).

Edition originale.

302. **Guerne** (le Vicomte de). Les Flûtes alternées. *Paris, Alphonse Lemerre*, 1900, gr. in-12 carré, demi-rel. dos et coins de mar. vert, tête dor., non rog. (*Paul Vié*).

Edition originale.

303. **Guerne** (Le Vicomte de). Les Siècles morts. (I. L'Orient antique. II. L'Orient grec. III. L'Orient chrétien). *Paris*, *Alphonse Lemerre*, 1890-97, 3 vol. in-8, demi-rel. dos et coins de mar. vert, têtes dor., non rog. (*Paul Vié*).

Edition originale.

304. **Guillemin** (Amédée). Les Phénomènes de la Physique. Ouvrage illustré de 11 planches imprimées en couleur, et de 450 figures insérées dans le texte. *Paris*, *L. Hachette et Cie*, 1868, in-4, demi-rel. chagr. rouge, plats toile, dos orné, tr. dor.

305 **Guyau**. La Morale d'Epicure et ses rapports avec les doctrines contemporaines. — Education et hérédité. Etude sociologique. *Paris*, *Germer Baillière* et *Félix Alcan*, 1881-1890, 3 vol. in-8, demi-rel. mar. brun, dos ornés, fil., têtes dor., non rog. (*Paul Vié*).

On y joint, du même : Esquisse d'une morale sans obligation ni sanction. *Paris*, *Félix Alcan*, 1885, in-8, cart. percal. verte, non rog.

306. **Halévy** (Ludovic). Monsieur et Madame Cardinal. — Les Petites cardinal. — Un Mariage d'Amour. — L'Abbé Constantin. — Criquette. *Paris*, *Calmann-Lévy*, 1880-1883, 5 vol. in-12, fig., br., couv.

307. **Haraucourt** (Edmond). L'Ame nue. — Amis (2e mille). — La Passion. *Paris*, *G. Charpentier et Cie*, 1885-90, 3 vol. in-12, cart. dos de percal. verte, non rog. (*Paul Vié*).

Editions originales, avec les couvertures.
Envoi autographe signé sur le faux-titre de *La Passion* :
« *au Vicomte de Guerne en souvenir de cordiales sympathies artistiques et autres*
Edmond Haraucourt ».

308. **Hassano Bar Bahlule**. Lexicon syriacum auctore Hassano Bar Bahlule epluribus codicibus edidit et notulis instruxit Rubens Duval. *Parissiis*, *e Reipublicæ typographæo — apud Ernestum Leroux*, 1901, 3 vol. in-4, demi-rel. dos et coins de veau raciné, dos ornés sans nerfs, têtes rouges, non rog. (*Paul Vié*).

309. **Hatch** (Edwin) and Henry A. **Redpath**. A Concordance to the Septuagint and the other Greek version of the Old Testament (including the apocryphalbooks). *Oxford*, *at the Clarendon Press*, 1897, 2 vol. in-4, demi-rel. dos et coins de veau raciné, fil., têtes rouges, non rog. (*Paul Vié*).

310. **Héfélé** (le Dr Charles-Joseph). Histoire des Conciles ; d'après les documents originaux. Traduite de l'allemand, par M. l'abbé Goschler et M. l'Abbé Delarc. *Paris*, 1869-78, 12 vol. in-8, demi-rel. chagrin rouge, têtes dor., non rog. (*Paul Vié*).

311. **Hérédia** (José-Maria de). La Nonne Alferez. Illustrations de Daniel Vierge, gravées par Privat-Richard. *Paris, Alphonse Lemerre*, 1894, in-32, cart. dos et coins de mar. chaudron, dos orné, fil., tête dor., non rog. (*Paul Vié*).

Edition originale, avec la couverture illustrée.
Envoi autographe signé :
« *Au Vicomte André de Guerne son confrère et ami*
J.-M. de Hérédia ».

312. **Hérédia** (José-Maria de). Véridique histoire de la conquête de la Nouvelle Espagne, par le capitaine Bernal Diaz Del Castillo, l'un des conquérants. Traduite de l'espagnol avec une introduction et des notes par José-Maria de Hérédia. *Paris, Alphonse Lemerre*, 1877-87, 4 vol. pet. in-12, vergé de Hollande, cart. dos et coins de mar. vert olive, dos ornés, fil., têtes dor., non rog. (*Paul Vié*).

Envoi autographe signé :
« *A André, Vicomte de Guerne, son confrère et son ami*
J.-M. de Hérédia ».

313. **Hérédia** (José-Maria de). **Les Trophées**. *A Paris, chez Alphonse Lemerre*, 1893, in-8, br.

Edition originale, avec la couverture.
Précieux exemplaire — l'un des 25 tirés sur grand **papier Wathman** (n° 20) — enrichi, sur la garde, d'un sonnet autographe « *Le Thermodon* » suivi de cette note de l'auteur :
« *Ce sonnet qui manque à cette première édition a été copié pour son ami le poète André de Guerne par*
José-Maria de Hérédia ».
Sur le faux-titre, envoi autographe signé :
« *A l'excellent poète, à l'excellent ami, André de Guerne*
J.-M. de Hérédia ».

314. **Hérédia** (José-Maria de). Les Trophées. *A Paris, chez Alphonse Lemerre*, 1893, in-8, pap. vélin teinté, cart. dos et coins de mar. vert olive, fil., tr. dor. (*Paul Vié*).

Edition originale.
Envoi autographe signé :
« *A André de Guerne son admirateur et son ami*
J.-M. de Hérédia ».

315. **Hérold** (A.-Ferdinand). Œuvres. *Paris*, 1888-1904, 17 vol. in-4, in-8, in-12, et in-16, cart. dos et coins de mar., fil., têtes dor., non rog. (*Paul Vié*).

La Légende de Sainte-Liberata. Poème. — Le Livre de la naissance, de la vie et de la mort de la Bienheureuse Vierge Marie. — Intermède pastoral. — Le Victorieux ; drame. — L'Exil de Harini. Poème dramatique en cinq actes. — Floriane et Persigant. Drame. — Chevaleries sentimentales. Frontispice d'Odilon Redon. — La Joie de Maguelonne. Mystère. — L'Upanishad du Grand Aranyaka (Brihadâranyakopanishad). Trad. du sanskrit. (demi-rel.). — La Légende de Sainte-Libérata (édit. in-12). — Au Hasard des Chemins. Poèmes. — Savitri. Comédie héroïque en deux actes, en vers. — L'Anneau de Cakuntalâ. Comédie héroïque de Kâlidâsa. — Les Paeans et les Thrènes. — Les Contes du Vampire. — Images tendres et merveilleuses. — L'Abbaye de Sainte-Aphrodise. Roman.

Exemplaires — la plupart d'éditions originales, avec les couvertures, — enrichis d'envois autographes signés de A.-Ferdinand Hérold au Vicomte de Guerne.

316. **Hertzberg** (G.-F.). Histoire de la Grèce sous la domination des Romains. Traduite de l'allemand sous la direction de A. Bouché-Leclercq. *Paris*, *Ernest Leroux*, 1887-1890, 3 vol. in-8, demi-rel. dos et coins de mar. grenat foncé, têtes dor. non rog.

I. De la conquête au règne d'Auguste, par E. Scheurer. — II. D'Auguste à Septime Sévère, par E. de Liebhaber. — III. L'Université d'Athènes, par P.-P. Huschard.

317. **Hervieu** (Paul). Flirt. — Peints par eux-mêmes. — L'Armature. — Le Petit Duc. — La Course du Flambeau. — Théroigne de Méricourt. — Le Dédale. *Paris*, *Alphonse Lemerre*, 1890-1903, 7 vol. in-12, cart. dos de percal. grenat, non rog. (*Paul Vié*).

Editions originales, avec les couvertures.
Exemplaires (la plupart tirés sur grand papier) enrichis d'envois autographes signés de Paul Hervieu au Vicomte de Guerne.

318. **Houssaye** (Arsène). Les Cent et un Sonnets. Gravures et eaux-fortes. *Paris*, *Librairie à estampes — Jules Maury et Cie*, *s. d.*, (1874), in-4, portrait d'Arsène Houssaye et sept planches hors texte, gravées par A. Nargeot, Cucinotta, Masson, Laguillermie etc., etc., demi-rel. dos et coins de mar. grenat, dos orné, fil., tête dor., non rog.

Edition originale.
L'un des exemplaires tirés sur papier vélin (n° 62).

319. **Houssaye** (Henry). 1814, 1 vol. — 1815, 3 vol. — *Paris*, *Perrin et Cie*, 1888-1905, ens. 4 vol. in-8, cart. dos de percal. rouge, non rog. (*Paul Vié*).

320. **Houssaye** (Henry). Histoire d'Alcibiade et de la République athénienne. *Paris, Didier et Cie*, 1874, 2 vol. — Athènes ; Rome; Paris. — Aspasie ; Cléopâtre ; Théodora. *Paris, Calmann-Lévy*, 1879-1890, 2 vol. — Ensemble : 4 vol. in-12, demi-rel. mar. rouge et noir, têtes peig. ou dor., non rog.

321. **Houville** (Gérard d'). [Madame Henri de Régnier]. Esclave. — L'Inconstante. — Le Temps d'aimer. *Paris, Calmann Lévy, s. d.*, 3 vol. in-12, cart. dos de percal. verte, non rog. (*Paul Vié*).

Editions originales.
Envois autographes signés de l'auteur au Vicomte de Guerne.

322. **Hubbard** (Elbert). Little Journeys. — Verdi. — Periclès. *New-York*, 1901-03, 2 vol. pet. in-8 carré, pap. fort, lettres initiales et ornements en couleurs dessinés par Samuel Warner, portr.-frontisp. cuir souple, titres frappés sur les plats, doublés de moire marron, non rog.

Envois autographes signés de *James Carleton Young* au Vicomte de Guerne.

323. **Hugo** (Victor). — Odes et Ballades. — Les Orientales. — Les Châtiments. *Bruxelles, Genève et New-York*, 1832-33, 3 vol. in-32, demi-rel. mar. rouge, dos ornés, tr. peig.

324. **Hugo** (Victor). Œuvres. *Paris*, 1868-1909, 14 vol. in-12, cart. dos de percal. rouge.

Bug-Jargal. — Le Pape. — Théâtre. — Le Théâtre en liberté. — Ruy-Blas. — Les Burgraves. — Les Châtiments. — Les Chansons des rues et des bois. — La Légende des Siècles, 4 vol. — Choses vues. — Correspondance de Victor Hugo et de Paul Meurice.

325. **Hugo** (Victor). Œuvres. *Paris, Calmann-Lévy* ; *J. Hetzel et Cie*, et *Maison Quantin*, 1877-1893, 15 vol. in-8, demi-rel. mar. grenat, têtes peig. non rog.

L'art d'être grand-père. — La Légende des Siècles, 3 vol. [1, 2 et 5]. — La Pitié suprême. — L'Ane. — Religions et religion. — Les Quatre Vents de l'Esprit, 2 vol. — Torquemada. — La Fin de Satan. — Toute la Lyre, 3 vol. (1re 2e et dernière séries). — Dieu.

326. **HUGO** (Victor). **Œuvres**. *Paris, Imprimerie Nationale — Librairie Ollendorff*, 1903-1912, 21 vol. gr. in-8, portr., fig. et fac-similés hors-texte, br., couv.

I. **Poésie** : Les Contemplations. — La Légende des siècles (2 vol.). — Les Quatre vents de l'Esprit. — Les Feuilles d'automne. Les Chants du Crépuscule. Les Voix intérieures. Les Rayons et les ombres. — Les Châtiments. — La Fin de Satan. Dieu. — Odes et ballades. Les Orientales.

II. **Roman** : Notre-Dame-de Paris. — L'Homme qui rit. — Les Misérables (4 vol.). — Han d'Islande. Bug-Jargal. Le dernier jour d'un condamné. Claude Gueux. — Les Travailleurs de la Mer.

III. **Théâtre** : Marie Tudor. Angelo. La Esmeralda. Ruy Blas. Les Burgraves. — Marion Delorme. Le Roi s'amuse. Lucrèce Borgia. — Théâtre en liberté.

IV. **En voyage** : Le Rhin. Lettres à un ami. — France et Belgique. Alpes et Pyrénées. Voyages et excursions.

327. **Hugo** (Victor). Réunion d'ouvrages relatifs à Victor Hugo. *Paris*, 1897-1905, 14 vol. in-12, cart. dos de percal., non rog.

Brunetière. Victor Hugo. 2 vol. — **Claretie**. Victor Hugo. Souvenirs intimes. — **Glachant**. Essai critique sur le Théâtre de Victor Hugo, 2 vol. — **Gregh**. Etude sur Victor Hugo. — **Mabilleau**. Victor Hugo. — **Pellier**. La Philosophie de Victor Hugo. — **Renouvier**. Victor Hugo. Le Poète. Le Philosophe, 2 vol. — **Rivet**. Victor Hugo chez lui. — **Simon**. L'Enfance de Victor Hugo. — **Stapfer**. Victor Hugo à Guernesey. — Victor Hugo et la grande poésie satirique en France.

328. **Hugo** (Victor). Réunion de 6 vol. in-8, demi-rel. ou cart.

Propos de table de Victor Hugo ; recueillis par Richard Lesclide. — Ed. Huguet. Le sens de la forme dans les métaphores de Victor Hugo. — Victor Hugo raconté par un témoin de sa vie, 2 vol. — Victor Hugo. Dernière Gerbe. — Camille Pelletan. Victor Hugo homme politique.

329. **Huysmans** (J.-K.). En Ménage. *Paris, G. Charpentier*, 1881, in-12, cart. dos de percal. jaune, non rog. (*Paul Vié*).

Edition originale, avec la couverture.

330. **Huysmans** (J.-K.). Là-Bas. — En Route. — La Cathédrale. — L'Oblat. *Paris, P.-V. Stock*, 1891-1903, 4 vol. in-12, cart. dos de percal. jaune, non rog., couv.

331. **Huysmans** (J.-K.). Les Sœurs Vatard. *Paris, G. Charpentier*, 1879, in-12, cart. dos de percal. jaune, non rog. (*Paul Vié*).

Edition originale, avec la couverture.

332. **Jamblique**. Le Livre de Jamblique sur les mystères. Traduit du grec par Pierre Quillard. *Paris, Librairie de l'Art indépendant*, 1895, pet. in-8, cart. dos et coins de mar. rouge, fil., tête dor., non rog. (*Paul Vié*).

Edition originale, avec la couverture.

333. **Janin** (Jules). Œuvres diverses de Jules Janin, publiées sous la direction de M. Albert de La Fizelière. *Paris, Librairie des Bibliophiles* (*Jouaust*), 1876-78, 12 vol. in-12, fig. gravées

à l'eau-forte par E. Hédouin, demi-rel. dos et coins de mar. vert. têtes dor., non rog. (*Canape*).

I. L'Ane mort et la Femme guillotinée. Edition conforme au texte original. — II. Mélanges et variétés, 2 vol. — III. Contes et nouvelles, 2 vol. — IV. Critique Dramatique. La Comédie. La Tragédie. Le Drame. Théâtre de genre, 4 vol. — V. Correspondance. — VI. Barnave, 2 vol. L'un des 25 exemplaires tirés sur **papier de Chine** (n° 13).

334. **Jastrow** (Marcus), *Ph. D. Lill. D.* A Dictionary of the Targumin, the Talmud Babli and Yerushalmi and the Midrashic literature. With an index of scriptural quotations. *London, Luzac and Co.* — *New-York, G. P. Putnam's sons*, 1903, 2 vol. in-4, à 2 col., demi-rel. veau racine, dos ornés sans nerfs, têtes rouges, non rog.

335. **Julyot** (Ferry). Les Elégies de la Belle Fille, lamentant sa virginité perdue. Réimpression complète publiée d'après l'édition originale de 1557, avec notice, éclaircissements et index. *Paris, Léon Willem*, 1873, pet. in-8, mar. rouge, dos orné, fil. dent. intér., tr. dor., étui (*Canape*).

Tiré à 350 exemplaires.
L'un des 300 sur **papier de Hollande** (n° 276).

336. **Hondakoff** (N.). Histoire de l'Art byzantin, considéré principalement dans les miniatures par N. Kondakoff. Edition française originale, publiée par l'auteur, sur la traduction de M. Trawinski, et précédée d'une Préface de M. A. Springer. *Paris, Jules Rouam ; et Londres, Gilbert Wood et Co*, 1886, 2 tomes en 1 vol. in-4, nombr. fig., cart. dos de mar. rouge, dos ornés, tête dor., non rog. (*Paul Vié*).

L'un des 25 exemplaires tirés sur **papier de Hollande** (n° 2).

337. **Kuenen** (A.). Histoire critique des livres de l'Ancien Testament. Traduite par A. Pierson. Avec une Préface par Ernest Renan. — I. Les Livres historiques. — II. Les Livres prophétiques. *Paris, Michel Lévy frères*, 1866-79, 2 vol. in-8, cart. percal. verte, non rog.

338. **Lacordaire** (Le R. P. Henri-Dominique). Saint-Dominique. — Mélanges. — Conférences de Notre-Dame de Paris, (4 vol.) *Paris, Poussielgue frères*, 1871-77, 6 vol. in-12, demi-rel. mar. rouge, tr. jasp.

On y joint : Paroles d'un croyant. Le Livre du Peuple ; et Affaires de Rome, par Lamennais. *Paris, Garnier frères, s.-d.*, et 1858, 2 vol. in-12, br., couv.

339. **La Fontaine**. Contes et nouvelles en vers. *A Paris, chez A. Barraud*, 1874, 2 vol. in-8, portr. et fig., demi-rel. dos et coins de mar. rouge, dos ornés, fil., têtes dor., non rog.

Belle réimpression de l'édition célèbre dite des *Fermiers généraux*. L'un des 300 exemplaires tirés sur papier cavalier vergé (n° 116).

340. **Laforgue** (Jules). Les Complaintes. *Paris, Léon Vanier*, 1885, 1 vol. — Moralités légendaires. Avec un portrait de l'auteur gravé à l'eau-forte par Emile Laforgue. *Paris, Revue indépendante*, 1887, 1 vol. — Ensemble : 2 vol. in-12, cart. dos de percal. bleue, non rog.

Editions originales, avec la couverture.

341. **La Grange**. Archives de la Comédie française. Registre de La Grange (1658-1685). Précédé d'une Notice biographique. Publié par les soins de la Comédie Française. Janvier 1876. *Paris, J. Claye, s. d.* (1876), in-4, portrait gravé, mar. rouge, dent. intér., tête dor., non rog. (*J. Canape*).

L'un des exemplaires tirés sur **papier de Hollande**, contenant le portrait en double épreuve, dont une sur Chine volant.

342. **Lahor** (Jean). L'Enchantement de Siva. *Paris, Administration des deux Revues*, 1891, plaq. pet. in-4, cart. dos et coins de mar. vert, fil., tête dor., non rog. (*Paul Vié*).

Edition originale, avec la couverture.
L'un des exemplaires tirés sur **papier de Hollande**.
Envoi autographe signé :

« *Au Vicomte de Guerne,*
son ami,
J. Lahor ».

343. **Lahor** (Jean). Histoire de la littérature hindoue. Les grands poèmes religieux et philosophiques. *Paris, G. Charpentier et Cie*, 1888, in-12, cart. dos et coins de mar. bleu, dos orné, fil., tête dor., non rog. (*Paul Vié*).

Edition originale, avec la couverture.

344. **Lahor** (Jean). Œuvres, 4 vol. in-12, cart.

I. L'Illusion. *Paris, Alphonse Lemerre*, 1888, in-12, cart. dos de vélin blanc, tête rouge, non rog. (Edition originale).

II. L'Illusion. Troisième édition, revue et augmentée. *Paris, Alphonse Lemerre*, 1893, 2 vol. in-12, cart. dos et coins de mar. bleu, dos orné, fil., tête dor., non rog., couv.

III. Le Cantique des Cantiques. Traduction en vers d'après la version de M. Reuss. *Paris, Alphonse Lemerre*, 1885, in-12, cart. dos et coins de mar. bleu, fil., tête dor., non rog. (Edition originale avec la couverture).

Exemplaires enrichis d'envois autographes signés de Jean Lahor au Vicomte de Guerne.

345. **Lahor** (Jean). Poésies complètes. L'Illusion. *Paris, Alphonse Lemerre*, 1888, in-12, br., couv.

Seconde édition, couronnée par l'Académie Française.

346. **Lahor** (Jean). Les Quatrains d'Al-Ghazali. *Paris, Alphonse Lemerre*, 1896, in-12, cart. dos de percal. bleue, non rog. (*Paul Vié*).

Edition originale, avec la couverture.

347. —**Cazalis** (Henri). Mélancholia.—L'Illusion. *Paris, Alphonse Lemerre*, 1868-1875, 2 vol. in-12, cart. dos et coins de mar. grenat, dos ornés, fil., têtes dor., non rog. (*Paul Vié*).

Editions originales, avec les couvertures.
Jean Lahor est le pseudonyme de H. Cazalis.

348. **Lamartine** (Alphonse de). Méditations poétiques. — Nouvelles Méditations poétiques. *Paris, Charles Gosselin*, 1826-29, 2 vol. in-32, veau violet, dos orné, milieux et dent. à froid, tr. dor. et demi-rel. veau violet, dos orné, non rog.

349. **Lamartine**. Œuvres. *Paris, Furne, Jouvet et Cie*, 1875-1882, 9 vol. in-16, texte encadré d'un fil. rouge, br., couv.

Œuvres poétiques : Méditations poétiques. — Harmonies poétiques et religieuses. — Jocelyn, épisode. — La Chute d'un ange. — La Mort de Socrate. — Recueillements poétiques.
Romans : Graziella. — Raphaël. — Le Tailleur de pierres de Saint-Point (avec les *cartons*).

350. **La Mazelière** (Marquis de). Le Japon. Histoire et civilisation. *Paris, Plon-Nourrit et Cie*, 1907-1910, 5 vol. in-12, fig., cart. dos de percal. bleue ou br., couv.

Envoi autographe signé :
« *Au Vicomte de Guerne,*
Souvenir amical,
La Mazelière ».

351. **LANDON** (Charles-Paul). Annales du Musée et de l'école moderne des Beaux-Arts, 17 vol. — Paysages et Tableaux de genre, 4 vol. — Salons de 1808, 1810, 1812, 1814 et 1817, 7 vol. — *Paris, chez C. P. Landon, Peintre, quai Bonaparte, no 1, — de l'imprimerie des Annales du Musée, an XIV*-1805-1817. — Ensemble : 28 vol. in-8, fig., cart., non rog. (*Cart. de l'époque*).

Collection de gravures au trait, faites avec soin d'après les dessins de Landon. — Notices explicatives — la plupart rédigées par Béranger.

352. **Laveleye** (E. de). La Saga des Nibelungen dans les Eddas et dans le Nord Scandinave. Traduction précédée d'une étude sur la formation des épopées nationales. — Les Nibelungen. Poème traduit de l'allemand. Nouvelle édition. *Paris*, 1866-79, 2 vol. in-12, cart. percal. grenat foncé, têtes jasp., non rog.

353. **LAVISSE** (Ernest) et Alfred **RAMBAUD**. Histoire générale du IVe siècle à nos jours. *Paris, Armand Colin et Cie*, 1893-1901, 12 vol. in-8, demi-rel. mar. vert, tête dor., non rog. (*Paul Vié*).

354. **Lazare** (Bernard). Le Miroir des Légendes (gr. pap. de Hollande). — L'Antisémitisme. — Figures contemporaines. — Les Porteurs de Torches. — La Porte d'Ivoire. *Paris*, 1892-1897, 5 vol. in-12, demi-rel. ou cart. dos de mar. vert, dos ornés, fil., têtes dor., non rog. (*Paul Vié*).

Editions originales.
Envois autographes signés de Bernard Lazare au Vicomte de Guerne.

355. **Lebeau**. Histoire du Bas-Empire. Nouvelle édition, revue entièrement, corrigée, et augmentée d'après les historiens orientaux, par M. de Saint-Martin. *Paris, de l'Imprimerie de Firmin-Didot*, 1824-36, 21 vol. in-8, demi-rel. bas. brune, dos ornés, tr. jasp.

356. **Le Blant** (Edmond). Les Persécuteurs et les Martyrs aux premiers siècles de notre ère. *Paris, Ernest Leroux*, 1893, in-8, frontisp. et fig., demi-rel. dos et coins de mar. rouge, dos orné, fil., tête dor., non rog. (*Paul Vié*).

357. **Leconte** (Sébastien Charles). Œuvres, 1897-1905, 5 vol. pet. in-4 et in-12, demi-rel. mar. vert olive, dos ornés, têtes dor., non rog. (*Paul Vié*).

Le Bouclier d'Arès. — L'Esprit qui passe (**exemplaire tiré sur Hollande**). — Les Bijoux de Marguerite. — La Tentation de l'Homme. — Le Sang de Méduse.
Editions originales.
Envois d'autographes signés de l'auteur au Vicomte de Guerne.

358. **Leconte de Lisle**. L'Apollonide. Drame lyrique en trois parties et cinq tableaux. Musique de Franz Servais. *Paris, Alphonse Lemerre*, 1888, in-4, pap. de Hollande, br.

Edition originale, avec la couverture.

359. **Leconte de Lisle**. Derniers Poèmes. L'Apollonide. La Passion. Poètes contemporains. Discours sur Victor Hugo. *Paris*,

Alphonse Lemerre, 1895, in-8, cart. dos et coins de mar. rouge à long grain, tête dor., non rog., (*Paul Vié*).

Edition originale.
L'un des **50** exemplaires tirés sur **papier de Hollande**.
Œuvres posthumes publiées par les soins de José-Maria de Hérédia et le Vicomte de Guerne.

360. **LECONTE DE LISLE**. Œuvres. *Paris*, *Alphonse Lemerre*, 1869-95, 11 vol. in-8, demi-rel. dos et coins de veau noir, dos ornés, têtes dor., non rog.

Poèmes antiques. — Poèmes barbares. — Poèmes tragiques. — Derniers poèmes. — *Traductions* : Euripide, 2 vol. — Hésiode. — Eschyle. — Sophocle. — Homère : l'Iliade et l'Odyssée, 2 vol.
On joint à cette collection : Jean Dornis. Leconte de Lisle intime (avec 2 portraits). *Paris*, *Alphonse Lemerre*, 1895, plaq. in-8, cart. dos et coins de veau noir, tête dor., non rog., couv. (*Envoi autogr. signé de l'auteur au Vte de Guerne*).

361. **LECONTE DE LISLE**. Poèmes antiques. *Paris*, *Marc Ducloux*, 1852, in-12, demi-rel. veau violet, fil., tr. jasp.

Edition originale.
Précieux exemplaire ; on lit, sur la garde, cette note autographe signée du Vicomte de Guerne :
« *Ce volume qui appartenait à Leconte de Lisle m'a été donné en souvenir de mon cher Maître par Madame Leconte de Lisle, le 26 mai 1895.*
Guerne ».

362. **Leconte de Lisle**. Poésies complètes. Poèmes antiques. Poèmes et Poésies. (Ouvrages couronnés par l'Académie Française). Poésies nouvelles ; Avec une eau-forte dessinée et gravée par Louis Duveau. *Paris*, *Poulet-Malassis et de Broise*, 1858, in-12, cart. toile brune, tr. jasp.

Première édition complète et en partie originale

363. **Ledrain** (E.). La Bible. Traduction nouvelle d'après les texte hébreu et grec. *Paris*, *Alphonse Lemerre*, 1886-99, 10 vol. in-8, br., couv.

L'un des **20** exemplaires tirés sur **papier de Hollande** (n° 4).

364. **Ledrain** (E.). La Bible. Traduction nouvelle d'après les textes hébreu et grec. *Paris*, *Alphonse Lemerre*, 1886-99, 10 vol. in-8, veau marb., dos ornés, tr. rouges.

365. **Lemaître** (Jules). Œuvres. *Paris*, 1887-89 et *s. d.*, 8 vol. in-12, cart. dos de percal. ou br., couv.

Les Contemporains, 4 vol. — Jean-Jacques Rousseau. — Jean Racine-Fénelon. — Châteaubriand.

366. **Lenormant** (Fr.). La Grande-Grèce, 3 vol. — A travers l'Apulie et la Lucanie, 2 vol. — La Monnaie dans l'Antiquité, 3 vol. — Monnaies et Médailles, 1 vol. *Paris, A. Lévy,* — et *Quantin,* 1878-86. — Ensemble : 9 vol. in-8, fig., demi-rel. mar. rouge, têtes dor., non rog. (*Paul Vié*).

367. **L'Estoile.** Mémoires-Journaux de Pierre de l'Estoile. Publiés par MM. Brunet, Champollion, Halphen, Paul Lacroix, Charles Read, Tamizey de Larroque, Tricotel. Edition conforme aux manuscrits originaux et suivie d'une Etude biographique et d'une Table analytique par M. Paul Bonnefon. *Paris, Alphonse Lemerre,* 1888-1896, 12 vol. in-8, pap. vergé, br., couv.

368. **Lesueur** (Daniel). L'Amant de Geneviève. *Paris, Calmann-Lévy,* 1883, 1 vol. — Amour d'aujourd'hui. — Passion slave. — Justice de femme. — Haine d'Amour. — A force d'aimer. — Au delà de l'Amour. — Fiancée d'Outre-Mer. — Mortel secret (I. Lys royal. II. Le Meurtre d'une âme) 2 vol. *Paris, Alphonse Lemerre,* 1888-1902, 9 vol. — Ensemble : 10 vol. in-12, cart. dos de percal. orange, non rog.

Editions originales.
La plupart des exemplaires sont tirés sur **grand papier**, avec les couvertures, et portent des envois autographes signés de Daniel Lesueur au Vicomte de Guerne.

369. **Lesueur** (Daniel). Lèvres closes. — Comédienne. — Lointaine Revanche (I. L'Or sanglant. II. La Fleur de joie), 2 vol. — Le Cœur chemine. — Invincible charme. — L'Honneur d'une femme. — Le Masque d'Amour (I. La Marquise de Valcor. II. Madame de Ferneuse), 2 vol. — *Paris, Alphonse Lemerre,* 1898-1904, 9 vol. in-12, cart. dos de percal. orange, non rog.

Editions originales, avec les couvertures — sauf pour *l'Or sanglant.*
Exemplaires tirés sur **grand papier** et enrichis d'envois autographes signés de l'auteur au Vicomte de Guerne.

370. **Letronne** (A.-J.). Œuvres choisies ; assemblées, mises en ordre et augmentées d'un index par E. Fagnan. Première série. Egypte ancienne. *Paris, Ernest Leroux,* 1881, 2 vol. in-8, portrait et planches hors-texte, demi-rel. veau fauve, fil. sur les dos, têtes jasp., non rog.

371. **Littérature anglaise.** Réunion de 20 vol. gr. in-8, in-8 et in-12, la plupart dans le carton. des éditeurs.

History Judah and Israel (Edersheim). — Hebrew Tenses. — S. R. Driver. — Canons of the first four general councils with notes. Brigt.— Driver. Introduction to the litterature of the Old Testament. — Student 's hebrew lexicon. — History of England, 1840. — Grammar of Vernacular Syriac (A. J. Maclean). — Drummond. Philo Judaeus or the Jewish Alexandrian Philosophy. Duff. Old Testament Thelogy. — Addis the Documents of the Hexateuch, 2 vol. — Shakspeare. Dramatic Works — Budge. Oriental Texts I. S. George of Cappadocia. Coptie and english. — Th. Moore. Poetical Works. — Byron's. Complet Works.

372. **Livre des Ballades** (Le). Soixante ballades choisies. *Paris, Alphonse Lemerre*, 1876, in-12, pap. vergé de Hollande, texte encadré d'un fil. rouge, br., couv.

373. **LIVRE DES SONNETS** (Le). Dix dizains de sonnets choisis [Précédés d'une Histoire du Sonnet, par Charles Asselineau ; et suivis de Notes et variantes, d'un Appendice et d'un Index]. *Paris, Alphonse Lemerre*, 1874, in-12, papier vergé, texte encadré d'un filet rouge, mar. grenat, dos orné aux pet. fers, compart. de 10 filets dor. sur les plats, formant cadre, milieux dorés, dent. intér., tr. dor., étui (*Canape*).

374. **Loisy** (Alfred). Autour d'un livre. — L'Evangile et l'Eglise. — Simples réflexions. *Paris, Ceffonds et Bellevue*, 1903-1908, 3 vol. in-12, demi-rel. mar. vert olive, têtes dor., non rog.

375. **Longus**. Suite de 6 eaux-fortes, par Boilvin, d'après les dessins de Prud'hon, pour illustrer « Daphnis et Chloé ». *Paris, Alphonse Lemerre*, 1874, in-12, à toutes marges, en feuilles dans un carton.

Epreuves tirées sur **papier de Chine**.

376. **Lorrain** (Jean). Le Sang des Dieux. Avec un dessin d'après Gustave Moreau. *Paris, Alphonse Lemerre*, 1882, in-12, pap. teinté, cart. dos de percal. verte, non rog.

Edition originale, avec la couverture.

377. **LOUYS** (Pierre). **Aphrodite**, Mœurs antiques. *Paris, Société du Mercure de France*, 1896, in-12, cart. dos et coins de mar. rouge, tête dor., non rog. (*Paul Vié*).

Edition originale, rare.
Envoi autographe signé :
« *Au Vicomte de Guerne*
hommage d'admiration et de sympathie.
Pierre Louys ».

378. **LOUYS** (Pierre). **Archipel**. *Paris, Eugène Fasquelle*, 1906, in-12, cart. dos et coins de mar. rouge, tête dor., non rog.

Edition originale, avec la couverture.
Envoi autographe signé :
« *au Vte de Guerne*
affectueux Souvenir
Pierre Louys ».

379. **LOUYS** (Pierre). **Astarté.** *S. l.* [*à la fin :*] *Achevé d'imprimer le 24 avril 1892, sur les presses de J. Royer, à Annonay. Se trouve à la Librairie de l'Art indépendant* — 1891, in-4, cart. dos et coins de mar. rouge à long grain, fil., tête dor., non rog. (*Paul Vié*).

Edition originale rarissime des premiers poèmes de Pierre Louys, — avec la couverture illustrée en couleurs.
L'un des **9** exemplaires tirés sur **papier whatman** (n° 6).
Sur la couverture, en exergue, cet envoi autographe signé :
« *A Monsieur de Guerne*
Hommage de respectueuse sympathie.
Pierre Louys ».

380. **LOUYS** (Pierre). **Les Aventures du Roi Pausole.** *Paris, Eugène Fasquelle*, 1901, in 8, cart. dos et coins de mar. rouge, fil., tête dor., non rog.

Edition originale, avec la couverture.
L'un des exemplaires tirés sur **papier vélin** (n° 129).
Envoi autographe signé :
« *Au Vicomte de Guerne,*
amical hommage
Pierre Louys ».

381. **LOUYS** (Pierre). **Les Chansons de Bilitis.** Traduites du grec pour la première fois par P. L. [Pierre Louys]. *Paris, Librairie de l'Art indépendant*, 1895, pet. in-4, cart. dos et coins de mar. rouge, fil., tête dor., non rog. (*Paul Vié*).

Edition originale, avec la couverture.
L'un des exemplaires tirés sur **papier vélin** (n° 45).
Envoi autographe signé :
« *A Monsieur le Vicomte de Guerne*
son respectueux admirateur
Pierre Louys ».

382. **LOUYS** (Pierre). **Les Chansons de Bilitis.** Traduites du grec par Pierre Louys, et ornées d'un portrait de Bilitis, dessiné par P. Albert Laurens d'après le buste polychrôme du Musée du Louvre. *Paris, Société du Mercure de France*, 1898, in-8, portr., cart. dos et coins de mar. rouge, fil., tête dor., non rog., couv. (*Paul Vié*).

L'un des exemplaires tirés sur **papier vélin** (n° 130).
Envoi autographe signé :
« *Au Vicomte de Guerne*
son admirateur et son ami
Pierre Louys ».

383. **LOUYS** (Pierre). **La Femme et le Pantin.** Roman espagnol. Orné d'une reproduction en héliogravure du Pantin de

Goya. *Paris, Société du Mercure de France*, 1898, in-8, cart. dos et coins de mar. rouge, fil., tête dor., non rog. (*Paul Vié*).

Edition originale, avec la couverture.
L'un des exemplaires tirés sur **papier alfa** (n° 172).
Envoi autographe signé :
« *Au Vicomte de Guerne*
hommage d'admiration et de sympathie
Pierre Louys ».

384. **LOUYS** (Pierre). **L'Homme de Pourpre**. Illustrations de F. Schmidt. *Paris, Borel*, 1901, in-32 allongé, cart. dos et coins de mar. rouge, fil., tête dor., non rog.

Edition originale, avec la couverture illustrée.
De la Collection « *Myosotis* »,
Envoi autographe signé :
« *au Vicomte de Guerne*
hommage de sympathie
Pierre Louys ».

385. **LOUYS** (Pierre). **Léda**, ou la Louange des bienheureuses ténèbres. *Paris, Librairie de l'Art indépendant*, 1893, pet. in-8, cart. dos et coins de mar. rouge à long grain, fil., tête dor., non rog. (*Paul Vié*).

Edition originale, rarissime, avec la couverture.
L'un des **100** exemplaires tirés sur **papier de Hollande** (n° 9).
Envoi autographe signé :
« *à Mr de Guerne*
en témoignage de respectueuse sympathie
Pierre Louys ».

386. **LOUYS** (Pierre). **Lucien de Samosate**. Scènes de la Vie des Courtisanes [Traduction de Pierre Louys]. *Paris* [« *Petite Collection à la Sphinx* »], *11 rue de la Chaussée d'Antin*, 1894, in-32 carré, cart. dos et coins de mar. rouge à long grain, fil., tête dor., non rog. (*Paul Vié*).

Edition originale, avec la couverture.
L'un des **10** exemplaires tirés sur **papier de Hollande** (n° 19).
Envoi autographe signé :
« *au vicomte de Guerne*
en témoignage de respectueuse amitié
Pierre Louys ».

387. **LOUYS** (Pierre). **Les Poésies de Méléagre** [par Pierre Louys]. *Paris* [« *Petite collection à la Sphynge* »], *11, rue de la Chaussée d'Antin*, 1893, in-32 carré, cart. dos et coins de mar. rouge à long grain, fil., tête dor., non rog. (*Paul Vié*).

Edition originale, avec la couverture.
L'un des **10** exemplaires tirés sur **papier de Hollande** (n° 17).
Envoi autographe signé :
« *au Vte de Guerne*
en témoignage de respectueuse et sympathique admiration
Pierre Louys ».

388. **LOUYS** (Pierre). **Sanguines**. *Paris, Eugène Fasquelle*, 1903, in-12, cart. dos et coins de mar. rouge, tête dor., non rog.

Edition originale, avec la couverture.
Envoi autographe signé :
« *au Vicomte de Guerne*
son admirateur et ami
Pierre Louys ».

389. **Maindron** (Maurice). Blancador l'avantageux. — Monsieur de Clérambon. — Le Carquois. — Dans l'Inde du Sud. L'Arbre de Science. *Paris*, 1901-1907, 5 vol. in-12, cart. dos de perc., non rog. (*Paul Vié*).

Editions originales.
Envois autographes signés de Maurice Maindron au Vicomte de Guerne.

390 **Maindron** (Maurice). Le Tournoi de Vauplassans (Ouvrage couronné par l'Académie française). Illustrations de E. Vulliemin. *Paris, Borel*, 1899, in-32 allongé, cart. dos et coins de mar. vert olive, dos orné, fil., tête dor., non rog., couv. illust. (*Paul Vié*).

De la « Collection *Nymphée* »,
L'un des **25** exemplaires tirés sur **papier de Chine**.
Envoi autographe signé :
« *au Vicomte de Guerne*
modeste témoignage d'admiration.
Maurice Maindron ».

391. **Marin** (L'Abbé). Les Moines de Constantinople ; depuis la fondation de la Ville jusqu'à la mort de Photius. (330-898). *Paris, Victor Lecoffre*, 1897, in-8, cart. dos de chag. grenat foncé, fil. sur le dos, tête dor., non rog. (*Paul Vié*).

392. **Marot** (Clément). Œuvres. Nouvelle édition, revue sur toutes celles qui l'ont précédée, avec des notes historiques et un glossaire des vieux mots ; par M.P.-R. Auguis. *Paris, Constant Chantpie*, 1823, 5 vol. in-18, portr., demi-rel. veau fauve, dos ornés sans nerfs, tr. marbr. (*Rel. de l'époque*).

393. **Martin** (Henri). Histoire de France, depuis les temps les plus reculés jusqu'en 1789. Quatrième édition. *Paris, Furne*, 1855-1860, 17 vol. in-8, portr., demi-rel. veau fauve, dos ornés tr. jasp.

394. **MAS-LATRIE** (Le Comte de). Trésor de chronologie, d'histoire et de géographie pour l'étude et l'emploi des documents du Moyen-Age. *Paris, Victor Palmé*, 1889, fort vol. in-folio de 2300 pages, demi-rel. mar. vert foncé, tête dor., non rog.

395. **Maspero** (G.). Histoire ancienne des peuples de l'Orient classique : I. Les Origines. Egypte et Chaldée. — II. Les Premières mêlées des peuples. — III. Les Empires. *Paris, L. Hachette et Cie*, 1895-99, 3 vol. in-4, planches hors-texte, très nomb. cartes et fig. dans le texte, demi-rel. dos et coins de mar. bleu, dos ornés, fil., têtes dor., non rog. (*Paul Vié*).

396. **Masse** (J.-N). Petit Atlas complet d'anatomie descriptive du corps humain, destiné à compléter tous les traités d'anatomie descriptive. Quatrième édition contenant 113 planches dont 11 nouvelles. *Paris, J.-F. Baillière et Méquignon. Marvis*, 1852, in-12, cart. toile des éditeurs.

Figures coloriées.

397. **Matter** (Jacques). Essai historique sur l'Ecole d'Alexandrie, et coup d'œil comparatif sur la littérature grecque depuis le temps d'Alexandre le Grand, jusqu'à celui d'Alexandre Sévère. *A Paris, chez F. G. Levrault*, 1820, 2 vol. in-8, demi-rel., veau fauve, dos ornés, non rog. (*Forest*).

398. **Matter** (Jacques). Histoire critique du Gnosticisme et de son influence sur les sectes religieuses et philosophiques des six premiers siècles de l'ère chrétienne. 2e édition, revue et augmentée, avec 3 planches. *Strasbourg et Paris*, 1843-44, 3 vol. in-8, demi-rel. mar. brun, tr. marbr.

399. **Matter**. Histoire du Christianisme et de la Société chrétienne. Seconde édition. *A Paris, chez Firmin Didot frères*, — et *A. Cherbuliez et Cie*, *s. d.*, 4 vol. in-8, demi-rel. veau fauve, fil., tête rouges, non rog.

400. **MATTER**. Histoire de l'Ecole d'Alexandrie, comparée aux principales écoles contemporaines. Ouvrage couronné par l'Institut. 2e édition entièrement refondue. *Paris, Hachette*, — et *Firmin Didot frères*, 1840-1848. 3 vol. in-8, demi-rel. veau fauve, fil., tr. rouges.

401. **Maupassant** (Guy de). Des Vers. *Paris, G. Charpentier*, 1880, in-12, cart. dos de percal. verte, non rog.

Edition originale, avec la couverture.

401 *bis*. **Maupassant** (Guy de). Œuvres. *Paris, Victor Havard* et *Paul Ollendorff*, 1884-1890, 6 vol. in-12, br., couv.

Bel-Ami. — Fort comme la mort. — La Maison Tellier. — Miss Harriett. — Notre Cœur. — Pierre et Jean.

402. **MAURY** (L.-F. Alfred). Histoire des Religions de la Grèce antique, depuis leur origine jusqu'à leur complète constitution. *Paris, Ladrange*, 1857-59, 3 vol. in-8, demi-rel. chagr. rouge, dos ornés, tr. jasp.

Rare.

403. **Mélanges**. Réunion de 10 vol. gr. in-8 et in-8, demi-rel. et cart.

Le Culte impérial : son histoire et son organisation, depuis Auguste jusqu'à Justinien, par l'abbé E. Beurlier. *Paris*, 1891. — The Festal letters of Athanasius ; discovered in an ancient Syriac Version, and edited by William Cureton. *London*, 1848.— Traité de grammaire syriaque par Rubens Duval. *Paris*, 1881. — Helvig. L'Epopée homérique expliquée par les monuments. *Paris*, 1894 (fig.). — Chrestomathia syriaca, expl. Æmilius Rœdiger. *Halis saxonum*, 1892. — Pistis Sophia ; latine vertit Schwartze. *Berolini*, 1851. — Abbé Martin. Actes du brigandage d'Ephèze, Amiens, 1874. — Le Pseudo-synode ou brigandage d'Ephèse. *Paris*, 1875. — Le Livre d'Hénoch ; traduit sur le texte éthiopien par François Martin. *Paris*, 1906. — Léon de Laborde. Glossaire français du Moyen-Age. *Paris*, 1872.

404. **Mélanges**. Réunion de 10 vol. in-4, gr. in-8, et in-8, demi-rel. ou cart.

Ledrain. Monuments égyptiens de la Bibliothèque Nationale, 2 vol. — Foucart. Recherches sur l'origine et la nature des mystères d'Eleusis. — Léouzon-le-Duc. Le Kalevala. — Charles Fossey. Manuel d'Assyriologie. Tome I : explorations et fouilles, déchiffrement des cunéiformes, origine et histoire de l'écriture. (fig.). — Brockelmann. Lexicon syriacum. — Allègre. Etude sur la déesse grecque Tyché. — Neubauer. La Géographie du Talmud. — Bergaigne et Henry. Manuel pour étudier le sanscrit védique. — Catalogus codicum Hagiographicorum Bibliothecæ nationalis Parisiensis ediderunt Hagiogr. Bolland. et Henric. Omont.

405. **Mélanges**. Réunion de 10 vol. gr. in-8 et in-8, demi-rel., cart. ou br.

Les Livres sacrés de l'Orient : trad. ou revus et corrigés par G. Pauthier. — Les civilisations préhelleniques dans le bassin de la mer Egée. Etudes de protohistoire orientale par René Dussaud (fig.). — J. Réville. La Religion à Rome sous les Sévères. — Regnauld. Matériaux pour servir à l'histoire de la philosophie de l'Inde. — E. de Faye. Clément d'Alexandrie. — Caspari. Arabische grammatik. — Oracula sibyllina. — Néroutsos bey. L'Ancienne Alexandrie. — Dillmann. Handbuch der Alttestamentlichen theologie. — Mémoires sur divers sujets d'érudition (Recueil factice de pièces rares).

406. **Mélanges**. Réunion de 20 vol. in-8, demi-rel., cart., ou br., couv.

Lettre inédite de Philotée O'Neddy sur le groupe littéraire romantique dit des Bousingos. *Paris, Rouquette*, 1875. — Manzoni. I. Promessi

Sposi. *Parigi, Baudry*, 1836. — St-Hilaire. Livre contre Auxence : Lettre à sa fille Alra : Livre premier du traité de la Trinité (lat. et franç. — manq. le titre). — Histoire secrète de Justinien, trad. de Procope. Géographie du VIe siècle, par Isambert. *Paris, Didot*, 1856. — Croiset. L'Education morale dans l'Université. *Paris, Alcan*, 1901. — De Saulcy. Histoire de l'Art judaïque. *Paris, Didier*, 1858. — St. Augustin. La Cité de Dieu. *Paris et Lyon*, 1846, 3 vol. — Drapeyron. L'Empereur Hécanlius. *Paris, Thorin*, 1869. — Roesch et Thomas. Eléments de grammaire grecque. *Gand*, 1885. — Wagenfeld. Analyse des neuf livres de la chronique de Sanchuniathon. Trad. de l'allem. par Lebas. *Paris, Paulin*, 1836 (*envoi autogr. sig. de Lebas à Michelet*). — Boutan et d'Almeida, Cours élémentaire de physique. *Paris, Dunod*, 1867, 2 vol. (fig.). — Corroyer. Description de l'Abbaye du Mont St. Michel. *Paris, Dumoulin*, 1877, fig. — Richard Wagner. Ma Vie. Tome I. *Paris, Plon*, 1911. — Maurice. Etude sur l'organisation de l'Afrique indigène sous la domination romaine. *Paris*, 1896. — Qu. Aurelii Symmachi Relationes recensuit G. Meyer. *Lipsiæ*, 1872. — Cavaniol. Nidintabel. La Perse ancienne. *Paris, Durand et Pedone-Lauriel*, 1868. — Das Buch der Naturgegenstande Heraus. K. Ahrens. *Kiel*, 1892.

407. **Mélanges**. Réunion de 20 vol. in-8, demi-rel., cart., ou br., couv.

De Rougé. Origine de la race égyptienne. *Paris*, 1895, fig., envoi aut. — Chronique de Josué le stylite. trad. Martin, 1876. — L'Abbé Ancessi. Le Rédempteur et la vie future. *Paris, Leroux*, 1877. — L'Egypte et Moïse, 1875. — Radet. De coloniis a Macedon. in Asiam cis. Taurum deductis, 1892. — Bergson. L'Evolution créatrice. *Paris, Alcan*, 1907. — Hist. et sagesse d'Athicar, l'Assyrien. Trad. Nau. *Paris, Letouzey et Ané*, 1909. — Vileau et Martin. Les Psaumes de Salomon, 1911. — A. C. Fillion. Biblia sacra, *s. d.* — Ascension d'Isaïe. Trad. Tisserant, 1909. Sorel. contribution à l'étude profane de la Bible. *Paris, Ghio*, 1889. — Goldschmidt. Das Buch Henoch, 1892. — Faidherbe. L'Armée du Nord. *Paris, Dentu*, 1871. — De Vogüé. L'Alphabet hébraïque et l'alphabet araméen (extr.). — Simon. Beitrage zur Kenntnis der Vedischen, Schulen, 1889. — Bloch. Phœnicische glossar. *Berlin*, 1890. — Hermæ Pastor. — *Lipsiæ*, 1860. — Abbé Falise. Cérémonial romain et liturgie pratique. *Paris, Jouby*, 1865. — Decreta, authentica, 1862. — Hély. Eusèbe de Césarée. *Paris, Bloud et Barral*, 1877.

408. **Mélanges**. 20 vol. in-4 et gr. in-8, demi-rel., cart., ou br., couv.

Robiou. L'Etat religieux de la Grèce et de l'Orient au siècle d'Alexandre. — Pour Jeanne. — Erwin Preuschen. Palladius und Rufinus. — Marcel Collière. La Mort de l'Espoir. — Louis Singer. Misère et assistance. — Cartier et Chenevière. Ant. Du Moulin. — Mikhaël et Lazare. La Fiancée de Corinthe. — P. de Nolhac. Du rôle de Pétrarque dans la Renaissance. — Joseph Roux. Pensées. — Ecole du Louvre. Discours d'ouverture. — Hovelacque. L'Avesta. — L'Imitation de Jésus-Christ. — Le loyal serviteur. Histoire de Bayard. — Révillout. Vie et sentences de Secundus. — Le Concile de Nicée d'après les textes coptes, 2 vol. — Félix Lambrecht. — Pottier et Reinach. Catalogue des terres cuites de Myrina. — Robiou. Histoire des Gaulois d'Orient. — Baunart. Histoire de Saint-Ambroise. — J. Martin. St. Augustin.

409. **Mélanges**. Réunion de 20 vol. in-8, demi-rel., cart. ou br., couv.

Mélanges d'épigraphie et d'archéologie sémitiques, par Joseph Halévy. *Paris, Impr. Nat.*, 1874. — Wetschinger. Charlotte Corday. Poème. *Paris, Lemerre*, 1879. — Histoire de l'Eglise de Rome (192-224) par l'abbé Cruice. *Paris, Didol*, 1856. — Rome et la Judée au temps de la chute de Néron, par De Champagny. *Paris, Lecoffre*, 1858. — Les Religions d'autorité et la religion de l'esprit, par A. Sabatier. *Paris, Fischbacher, s. d.* – Albert Réville. Jésus de Nazareth. *Paris, Fischbacher*, 1897, 2 vol. — Debidour. Histoire des rapports de l'Eglise et de l'Etat en France, de 1789 à 1870. *Paris, Alcan*, 1898. — Paulus Silentiarius Georgius Pisida et S. Nicephorus Cpolitanus. 1837. — Edgar Quinet. Vie et mort du génie grec. *Paris, Dentu*, 1878, portr. — Madvig. Syntaxe de la langue grecque. *Paris, Klincksieck*, 1884. — Edouard Herriot. Philon le Juif. *Paris, Hachette et Cie*, 1898. — Abbé Bargès. Recherches archéologiques sur les colonies phéniciennes. *Paris, Leroux*, 1878 (fig.). — Aug. Vacquerie. Formosa. *Paris, Calmann-Lévy*, 1883. — Asie mineure et Syrie. Souvenirs de voyages par Mme la Princesse de Belgiojoso. *Paris, Michel Lévy frères*, 1858. — Œuvres complètes de l'empereur Julien. Trad. Talbot. *Paris, Plon*, 1863. — Georges Clerc. Poésies sentimentales. *Paris, Chamerol*, 1890 (*envoi autogr. sig.*). — Blanchard. Pierre Guiffort. Drame en vers. *Paris*, 1892. — Hyppolyte Rodrigues. Midraschim. *Paris, Calmann Lévy*, 1880. — Canat. Du sentiment de la solitude morale chez les romantiques et les parnassiens. *Paris, Hachette et Cie*, 1904.

410. **Mélanges**. Réunion de 20 vol. in-8, demi-rel., cart., ou br., couv.

Abbé Morère. Histoire et filiation des Hérésies depuis les premiers siècles de l'Eglise jusqu'à nos jours. *Paris, Oudin*, 1881. — Lang. Mythes, cultes et religion. Trad. Marillier. *Paris, Alcan*, 1896. — Duchesne. Histoire ancienne de l'Eglise. *Paris, Fontemoing*, 1907-1910, 3 vol. — Pédezert. Le Témoignage des Pères. *Paris, Fischbacher*, 1892.— Rodocanachi. Le Saint-Siège et les juifs. *Paris, Firmin-Didot et Cie* 1891 (fig.). — René Pichon. Lactance. *Paris, Hachette et Cie*, 1901. — Néroutsos-Bey. Notice sur les fouilles récentes exécutées à Alexandrie. *Alexandrie*, 1875. — Duchesne. Origines du Culte chrétien. *Paris, Thorin*, 1889. — Les Prophètes d'Israël, par J. Darmesteter. *Paris, Calmann-Lévy*, 1892. — Lenormant. La Genèse. Traduction d'après l'Hébreu. *Paris, Maisonneuve et Cie*, 1883. — Charles. The Book of Enoch. *Oxford*, 1893. — Chateaubriand. Itinéraire de Paris à Jérusalem. *Paris, Furne et Cie*, 1865 (fig.). — Al. Deustch. Dreier Syrischer Lieder. 1895. — Clermont. Ganneau. Le Dieu Satrape. *Paris, Impr. nat.*, 1878. — Perrochet. Exercices hébreux. *Bâle*, 1887. — Souvenirs de la duchesse de Dino. *Paris, Calmann-Lévy, s. d.* — Lolliée. Le Duc de Morny. *Paris, Emile-Paul*, 1909. — Debidour. L'Eglise catholique et l'Etat. *Paris, Alcan*, 1906.

411. **Mélanges**. Réunion de 20 vol. pet. in-8 et in-12, demi-rel., cart. ou br., couv.

Du Charmet. Economie rurale. — Lemercier. Comédies historiques. — Soulié. Confession générale, 2 vol., Mémoires du Diable, 2 vol. — Frédéric Plessis. Poésies complètes. — Lacordaire. Lettre à un jeune homme. — D'Hulst. Lettres de direction. — Marc-Aurèle. Pensées : trad. Michaut. — Sennepin. Grammaire hébraïque élémentaire. — Letronne. Recherches sur l'Egypte. — Delestre-Poirson. De Paris à Varsovie. — Servius. Commentarii in Virgilium, 1826. — Octave Uzanne Calendrier de Vénus. — G. Lenôtre. Tournebut. — Mémoires de Louis-Ant.-Phil. d'Orléans. — Collignon. L'Archéologie grecque. — Lescœur. Essai sur la Théodicée du P. Thomassin.

412. **Mélanges**. Réunion de 20 vol. gr. in-8, demi-rel., cart., ou br., couv.

Desjardins. Première Babylone. Sémiramis la Grande. — Vicomte de Noailles. Bernard de Saxe-Weimar. — Mémoires du Commandant Persat. — Frédéric Masson. Napoléon et les Femmes. L'Amour. — Joséphine. Impératrice et reine. — Bouddhisme Chinois. Tome I. — Un poème latin de Ch. du Périer ; publ. et annoté par S. de Gramont. (portr. ; envoi autogr.) — Callon. Hercule vainqueur de la mort (envoi autogr.). — P. de Bouchaud. Claudius Popelin. (envoi autogr.). — Le Moulinet. Plaisirs du Foyer, par Mme C. E. Puissan (envoi autogr.). Derniers chants. — A. Mockel. Clartés (envoi autogr.). — Cherfils. Musiques de la Vie (envoi autogr.). — Guy de Charnacé. Hommes et choses du temps présent. (envoi autogr.). — Cte de La Morinière de La Rochecantin. Les Lilas sont en fleurs (envoi autogr.). — Nolhac et Pératé. Le Musée de Versailles (fig.). — Brochures et catalogues divers. (Recueil factice). — Fürst. Glossarium graeco-hebraeum. — Curtius. Grammaire grecque. — La Haute Science, 1893-94, 2 vol.

413. **Ménard** (Louis). Œuvres. *Paris*, 1863-1902, 6 vol. in-12, portr. et fac-simile, cart. dos de mar. vert, dos ornés, têtes dor., non rog.

Louis **Ménard**. Hermès Trismégiste. — La Morale avant les Philosophes. — Poèmes. — Le Polythéisme hellénique. — Ed. **Champion**. Le Tombeau de Louis Ménard. — Ph. **Berthelot**. Louis Ménard et son œuvre.

414. **MÉNARD** (Louis). Poèmes et Rêveries d'un Païen mystique, 3 vol.

I. Rêveries d'un Païen mystique. *Paris, Alphonse Lemerre,* 1876, pet. in-16, pap. teinté, cart. dos et coins de mar. vert, dos orné, fil., tête dor. non rog. (Edition originale). — II. Rêveries d'un Païen mystique. Troisième édition. *Paris, Alphonse Lemerre*, 1890, pet. in-16, pap. teinté, demi-rel. dos et coins de mar. vert, fil., tête dor., non rog. — III. Poèmes et rêveries d'un Païen mystique. *Paris, Librairie de « l'Art indépendant »* 1895, in-12, cart. dos et coins de mar. vert, dos orné, fil., tête dor., non rog. (Cette dernière édition a été donnée en « *ortografe simplifiée* ».). L'exemplaire porte, sur la garde, cet envoi autographe signé :

« *au Vicomte de Guerne*
souvenir affectueux,
Louis Ménard ».

415. **MÉNARD** (Louis). Recueil factice de différents écrits de Louis Ménard. Plaquettes in-8 et in-12 en 1 vol. in-8, cart. dos de mar. vert foncé, tête dor., non rog. (*Paul Vié*).

I. Etudes sur les origines du Christianisme. *Paris, Librairie de l'Art indépendant*, 1893, in-12 (envoi autographe sur le faux-titre). — II.

Cours d'Histoire universelle à l'Hôtel de Ville. (extr. de la « Revue bleue »). *Paris, Administration des deux Revues*, 1891-92 (I. La Civilisation antique. — II. La Vie future et le culte des morts) 2 pièces pet. in-8, fig. (envoi autographe signé). — III. Les Oracles. *Paris, Librairie de l'Art indépendant*, 1897, in-8.— IV. Catéchisme religieux des Libres penseurs (Extrait de la « Critique philosophique »). *Paris, Hurtau*, 1875, in-8.— V. Eros. Étude sur la symbolique du désir. (Extrait avec figures) in-8. — VI. Symbolique des religions anciennes et modernes. *Paris, Ernest Leroux*, 1896, in-8 (envoi autographe signé sur la couverture) — VII. Exégèse biblique et symbolique chrétienne. *Paris, Librairie de l'Art indépendant*, 1894, in-12 (envoi autographe signé sur le faux-titre).

416. **Meyer** (Arthur). Ce que mes yeux ont vu. Préface de M. Emile Faguet. Avec un portrait. — Ce que je peux dire. Avec un portrait de Mme la Comtesse de Luynes. *Paris, Plon-Nourrit et Cie*, 1912, 2 vol. in-12, br., couv.

417. **Michelet** (Jules). Œuvres. *Paris*, 1867-1884, 9 vol. in-12, cart. dos de perc., tr. jasp.

Introduction à l'Histoire universelle. — Ma jeunesse. — La Mer. — Le Peuple. — L'Amour. — La Femme. — La Sorcière. — Légendes du Nord. — Bible de l'Humanité.

418. **Millevoye**. Œuvres. Précédées d'une Notice biographique et littéraire, par de Pongerville. *Paris, Furne, — de Bure*, 1835, 2 vol. in-12, fig. gravées, veau violet, dos ornés, fil. dor., dent. et milieux à froid, dent. intér., tr. dor.

419. **Mirbeau** (Octave). Le Jardin des Supplices. *Paris, Eugène Fasquelle*, 1899, in-12, br.

Edition originale, avec la couverture.

420. **Mockel** (Albert). Propos de Littérature. *Paris, Librairie de l'Art indépendant*, 1894, in-12 carré, cart. dos et coins de mar. citron, fil., tête dor., non rog. (*Paul Vié*).

Edition originale, avec la couverture.
Envoi autographe signé de l'auteur au Vicomte de Guerne.

421. **Molière**. Suite de 35 planches d'après Boucher, pour illustrer les « Œuvres de Molière ». *Paris, Alphonse Lemerre*, 1872-74, in-12 à toutes marges, en feuilles, dans un carton.

Epreuves avec la lettre, en noir, sur **papier de Chine**.

422. **MONTESQUIOU-FEZENSAC** (Le Comte Robert de). Les Chauves-Souris. Clairs obscurs. *S. l. n. d.* [*Imprimé pour l'auteur par Georges Richard — Paris*, 1892], in-4, papier de

Hollande, dans un cart. soie brochée bleu-pâle doublée de soie jaune, tête dor., non rog.

Edition originale, tirée à **100** exemplaires (n° 028).
Envoi autographe signé :
« *Aux « Siècles morts »*
Les « Chauve-Souris »
« au Vicomte André de Guerne
Le Comte Robert de Montesquiou Fezensac
1892 ».

423. **Montesquiou** (Robert de). Le Chef des Odeurs suaves [Poèmes]. (*Paris, imprimé par Georges Richard, pour l'auteur*, 1893), pet. in-4 carré, papier de Hollande, br.

Edition originale, avec la couverture illustrée.
Tiré à 200 exemplaires (n° 189).
Envoi autographe signé :
« *Au Poète André de Guerne*
confraternel et admiratif hommage
Robert de Montesquiou ».

424. **Montesquiou-Fezensac** (Comte Robert de). Le Parcours du Rêve au Souvenir. Avec un avant-propos de José-Maria de Hérédia. — Les Hortensias bleus. *Paris, G. Charpentier et E. Fasquelle*, 1895-96, 2 vol. in-12, cart. dos de mar. vert foncé, fil., tête dor., non rog. (*Paul Vié*).

Editions originales, avec la couverture *des Hortensias bleus*.

425. **Montesquiou** (Robert de). Prières pour tous. Dessins de Madame Madeleine Lemaire. *Paris*, « *Maison du Livre* » [*Charles Meunier*], 1902, pet. in-8 carré, texte dans un encadrement, br.

Edition originale, tirée à petit nombre, avec la couverture.

426. **Montesquiou** (Robert de). Roseaux pensants. — Autels privilégiés. — Les Perles rouges. — Les Paons. *Paris, Eugène Fasquelle*, 1897-1901, 4 vol. in-12, demi-rel. ou cart. dos de mar., dos ornés, têtes dor., non rog. (*Paul Vié*).

Editions originales.
Envois autographes signés de Robert de Montesquiou au Vicomte de Guerne.

427. **MONUMENTS DE L'ART ANTIQUE**. Publiés sous la direction de M. Olivier Rayet. *Paris, A. Quantin*, 1884, 2 vol. in-folio, très nombr. planches de reproductions à l'héliogravure, tirées en bistre, hors-texte et montées sur onglets, demi-rel. dos et coins de mar. vert, têtes dor., non rog. (*Paul Vié*).

Sculpture grecque ; époque archaïque. Sculpture grecque ; seconde moitié du Ve siècle et première du IVe. Sculpture grecque. Seconde moitié du IVe siècle, IIIe et IIe siècles. Sculpture romaine. Terres cuites.

428. **Moréas** (Jean). Le Pèlerin passionné. *Paris, Léon Vanier*, 1891, in-12, cart. dos de percal. verte, non rog.

Edition originale, avec la couverture.

429. **Moreau de Jonnès** (A.). Aventures de Guerre au temps de la République et du Consulat. *Paris, Pagnerre*, 1858, 2 vol. in-8, cart. percal. bleue, non rog. (*Paul Vié*).

430. **Moyen-Age et la Renaissance** (Le). Direction littéraire de M. Paul Lacroix. Direction artistique de M. Ferdinand Séré. *Paris*, 1848, in-4, texte et très nombr. planches de reproductions en noir et en couleurs, en feuilles, dans 4 cartons.

Exemplaire ne contenant que les chapitres suivants :
Ameublement civil et religieux. Architecture militaire, religieuse et civile. Armurerie. Céramique. Corporations et métiers. Chants populaires et Noëls. Cartes à jouer. Commerce. Conditions des personnes et des terres. Equitation. Gravure. Horlogerie. Instruments de musique. Manuscrits. Miniatures. Nourriture et cuisine. Orfèvrerie. Poésie nationale. Peinture murale. Peinture sur verre, sur bois et sur cuivre. Parchemin. Papier. Reliure. Science héraldique. Sculpture. Tapisserie.

431. **Muller** (Max). Essais sur l'histoire des religions. Ouvrage trad. de l'angl. par Georges Harris ; — Essais sur la Mythologie comparée, les traditions et les coutumes. Ouvrage traduit de l'anglais par Georges Perrot. *Paris, Didier et Cie*, 1872-74, 2 vol. in-12, cart. percal. bleue, tête jasp., non rog.

432. **Murger** (Henry). Œuvres. *Paris, Michel Lévy frères*, 1868-1872, 12 vol. in-12, veau fauve, tr. peig.

Les Buveurs d'eau. — Dernier rendez-vous. — Madame Olympe. — Les Nuits d'Hiver. — Le Pays Latin. — Propos de ville. — Le Roman des femmes. — Le Sabot rouge. — Scènes de campagne. — Vacances de Camille. — Vie de Bohême. — Vie de jeunesse.

433. **Musset** (Alfred de). Contes d'Espagne et d'Italie. *Paris, Urbain Canel*, 1830, in-8, cart. toile verte, tr. jasp.

Edition originale.

434. **Musset** (Alfred de). Œuvres. *Paris, Charpentier*, 1867, 9 vol. in-12, demi-rel. veau gris, tr. peig.

Premières Poésies, 1829-1835. — Poésies nouvelles, 1836-1852. — La Confession d'un Enfant du siècle. — Contes. — Nouvelles. — Comédies et proverbes. — Mélanges de littérature. — Œuvres posthumes.

435. **Nadaillac** (Marquis de). Les Premiers hommes et les temps préhistoriques. Avec 12 planches et 244 figures dans le texte. *Paris, G. Masson*, 1881, 2 vol. in-8, demi-rel. mar. rouge, têtes jasp., non rog.

436. **Noailles** (Comtesse Mathieu de). Le Cœur innombrable. — Les Eblouissements. — La Nouvelle Espérance. — Le Visage émerveillé. — L'Ombre des Jours. *Paris, Calmann-Lévy*, 1901-1902 et *s. d.*, 5 vol. in-12, cart. dos de mar. citron, dos ornés, têtes dor., non rog.

Editions originales.
Envois autographes signés de la comtesse de Noailles au Vicomte de Guerne.

437. **Nolhac** (Pierre de). Paysages d'Auvergne. *A Paris, chez Lemerre*, 1888, in-16 carré, pap. teinté, cart. dos et coins de mar. vert olive, fil., tête dor., non rog. (*Paul Vié*).

Edition originale, avec la couverture ; tirée à 100 exemplaires et non mise dans le commerce.
Envoi autographe :
« *Hommage au poète de l'Orient antique* ».

438. **Nolhac** (Pierre de). Paysages de France et d'Italie. — Marie-Antoinette Dauphine. — Poèmes de France et d'Italie. *Paris*, 1894-1905, 3 vol. pet. in-8 carré et in-12, cart. dos de mar. ou de percal., têtes dor., ou non rog.

Editions originales.
On y joint :
Pierre de Nolhac et ses travaux, par P. de Bouchaud. *Paris*, 1896, in-8, demi-rel. mar. grenat, tête dor., non rog.
Envois autographes signés des auteurs au Vicomte de Guerne.

439. **Normand** (Jacques). Les Jours vécus. Souvenirs d'un Parisien de Paris. (Deuxième édition). — Théâtre de poche. — Du triste au gai. — Les Visions sincères. — Soleils d'hiver. *Paris, Calmann-Lévy*, *s. d.*, et *Alphonse Lemerre*, 1897, 5 vol. in-12, cart. dos de percal. ou br.

Editions originales, avec les couvertures.
Exemplaires avec envois autographes signés de Jacques Normand au Vicomte de Guerne.

440. **Notitia** dignitatum et administrationum omnium tam civilium quam militarium in partibus Orientis et Occidentis ; edidit Edwardus Bocking. *Bonnae, impensis Adolphi Marci, ab. a* 1839, *usque ad a.* 1853, 2 vol. fig. — Index ad Notitiam dignitatum et administrationum omnium tam civilium etc. *Bonnae, Ad. Marcum*, 1853, 1 vol. — Ensemble : 3 vol. in-8, fig., cart. dos et coins de vélin blanc, tr. rouges (*Paul Vié*).

441. **Nouveau Testament** (Le) selon la Vulgate. Traduit en français, avec des notes, par l'abbé J.-B. Glaire. Edition de luxe. *Paris, Firmin Didot frères, fils et Cie*, *s. d.*, fort vol. in-4,

texte sur 2 col. dans un encadrement, illustrations hors-texte, demi-rel. mar. rouge, dos orné, plats toile, dent. sur les plats, tr. dor.

442. **Old Testament**. A Hebrew and English Lexicon of the Old Testament. With an appendix containing the Biblical Aramaic, based on the Lexicon of William Genesius as translated by Edward Robinson. Edited by Francis Brown, with the Cooperation of S. R. River and Ch. A. Briggs. *Oxford, Clarendon Press*, 1906, fort vol. in-4, à 2 col., demi-rel. veau raciné, dos orné, tête rouge, non rog. (*Vié-Sevin*).

443. **ORIENTALISCHE** Bibliographie [1887-1906]. *Berlin, Paris, London, New-York*, 1888-1908, 20 vol. in-8, cart. percal. grenat, non rog.

444. **PARNASSE CONTEMPORAIN** (Le). Recueil de vers nouveaux. *Paris, Alphonse Lemerre*, 1866-1876, 3 vol. in-8, demi-rel. mar. rouge, tr. peig.

Edition originale de ce Recueil contenant les poésies des plus grands poètes contemporains.

445. **Panthéon littéraire**. Choix de monuments primitifs de l'Eglise [chrétienne] avec notices littéraires par J.-A.-C. Buchon. *Orléans, H. Herluison*, 1875, 1 vol. — Choix des Historiens grecs [Hérodote]. avec not. biogr. par J.-A.-C. Buchon. — Œuvres de Flavius Joseph ; avec une notice historique par J.-A.-C. Buchon. *Paris, Ch. Delagrave*, 1875, 2 vol. — Ensemble : 3 vol. gr. in-8, à 2 col., cartes hors-texte, demi-rel. mar. rouge, têtes dor., non rog.

446. **PATROLOGIÆ GRÆCA et LATINA**. *Paris*, 1841-1882, 27 vol. gr. in-8 à 2 col., demi-rel. dos et coins de veau raciné, fil. dor., tr. rouges (*Paul Vié*).

I. *Patrologia græca* : S. Ineniei opera omnia. — Patres Ægyptii sæculi IV et alii. — S. Epiphanii opera, 3 vol. — Synesius Theodorus Mopsuestenus Arsenius Eremita. — Socratis scholastici et Hermiæ Sozomeni historia ecclcasiastica.

II. *Patrologia latina* : Constantinus magnus, Nazarius Sylvester, Mancus, Julius Papæ, Osius Cordubensis, Arianus ; etc. — S. Hilarius, 2 vol. — Felix II, Damasius Theodosius magnus Luciferus Calaritanus, etc. — Pœtæ Juvencus, Optianus Seduluis, Severus, Faltonia, Ausonius, Rufilius. — Rufinuis Pelagius Julianus Cœlestius et Anianus. — Dexter Paulus Orosius Leporius Evodius, etc. — S. Augustinus (II). — Marius Mercator. — Cassianus, 2 vol. — S. Leo Magnus Mercator. — Cassianus, 2 vol. — S. Leo Magnus Codex canonum, etc. — Pœtæ sæculi V. Paulinus Nolanus, etc. — Eugyppius Symmachus Papa Vigilius, Tapsensis Paschasius et Petrus Diaconi Rusticus Helpidius. — Ennodius, Hormisda, Trifolius, Elpis, Bœtius, 2 vol. — **Vigilius, Gildas** sapiens, Pelagius, cassiodorus, 2 vol. — Vitæ patrum sive historiæ eremiticæ, 2 vol.

On y joint : Patrologia syriaca. Pars prima. I. Aphraates. *Paris, Firmin-Didot et Cie*, 1894, gr. in-8 à 2 col., demi-rel. dos et coins de mar. vert olive, fil., tête dor., non rog. (*Paul Vié*).

447. **Perrault**. Les Contes de Charles Perrault, d'après les textes originaux avec notice, notes et variantes et une étude sur leurs origines et leur sens mythique par Frédéric Dillaye. *Paris, Alphonse Lemerre*, 1880, pet. in-8, pap. vergé, br., couv.

448. **PERROT** (Georges) et Charles **CHIPIEZ**. Histoire de l'Art dans l'Antiquité. *Paris, Hachette et Cie*, 1882-1911, 9 vol. in-4, très nombr. fig. dans le texte et planches hors-texte, demi-rel. dos et coins de mar. rouge, fil., têtes dor., non rog.

Le tome IX est broché.

449. **Philoxenus**. The Discourses of Philoxenus Bishop of Mabbog, A. D. 485-519. Edited from syriac manuscripts of the Sixth and Seventh centuries, in the British Museum, with an English Translation by E. A. Wallis Budge. *London, Asheredo, s. d.*, (1894), 2 vol. in-8, demi-rel. dos et coins de veau rouge, dos ornés, tr. marbr.

450. **Photographie**. Esthétique de la photographie, 1 vol., nombr. reproduct. phot. art. dans le texte et hors-texte. — Les Procédés d'art en photographie. Ouvrage illustré de quarante et une planches hors-texte en taille-douce et simili gravure et d'une planche en couleurs, 1 vol. *Paris, Photo-Club de Paris*, 1900-1906. — Ensemble : 2 vol. in-4, br., couv.

451. **Pictet** (Adolphe). Les Origines indo-européennes ou les Aryas primitifs. Essai de paléontologie linguistique. *Paris, Joël Cherbuliez*, 1859-63, 2 vol. gr. in-8, demi-rel. chagr. brun, tr. jasp.

452. **Pierret** (Paul). Dictionnaire d'Archéologie égyptienne. *Paris, Imprimerie nationale*, 1875, 1 vol. — Petit Manuel de Mythologie, comprenant les mythologies indo-européennes et sémitiques et suivi d'un index alphabétique. *Paris, Didier et Cie*, 1878, 1 vol. — Ensemble : 2 vol. in-12, cart., têtes jasp., non rog.

On y joint : Manuel d'archéologie pratique. *Paris, P. Lethielleux*, 1870, in-12, demi-rel. chagr. bleu, tr. jasp.

453. **Pierret** (Paul). Vocabulaire hiéroglyphique, comprenant les mots de la langue, les noms géographiques, divins, royaux et historiques, classés alphabétiquement. *Paris, F. Vieweg*, 1875, in-8, texte autogr. cart. dos de vélin blanc, tête rouge, non rog. (*Paul Vié*).

454. **Platon**. Œuvres complètes de Platon ; publiées sous la direction de M. Emile Saisset. Traductions Dacier et Grou, soigneusement revisées et complétées par une nouvelle version de plusieurs dialogues. Avec notes et arguments par MM. E. Chauvet et A. Saisset. *Paris, Charpentier et Fasquelle*. 1882-92, 10 vol. in-12, demi-rel. mar. vert, têtes jasp., non rog.

Dialogues socratiques. — Dialogues polémiques. — Dialogues dogmatiques. — La République. — Les Lois. — Dialogues apocryphes ; etc.

455. **PLÉIADE FRANÇOISE** (La). *Paris, Alphonse Lemerre*, 1866-1898, 20 vol. in-8, notices biographiques et notes par Ch. Marty-Laveaux ; br. couv., ou cart. dos de vélin blanc, non rog.

Collection complète. — Rare.

Volumes reliés.

I. Œuvres françoises de Joachim du Bellay, 2 vol. (avec notice).— Œuvres et meslanges poétiques d'Estienne Jodelle, sieur de Lymodin, 2 vol. (avec Notice). — III. Œuvres poétiques de Jean Donat et de Pontus de Tyard, 1 vol. — IV. Œuvres poétiques de Rémy Belleau, 2 vol.

Volumes brochés :

V. Œuvres en rime de Ian Antoine de Baïf, 5 vol. et 1 plaq. (Notice). — VI. Œuvres de P. de Ronsard, 6 vol. et 1 plaq. (Notice).— VII. Appendice. La Langue de la Pléiade, 2 vol.

456. **PLOTIN**. Les Ennéades de Plotin, chef de l'Ecole Néoplatonicienne. Traduites pour la première fois en français accompagnées de sommaires, de notes et d'éclaircissements et précédées de la Vie de Plotin et des principes de la théorie des Intelligibles de Porphyre, par M.-N. Bouillet. *Paris, L. Hachette et Cie*, 1857-61, 3 vol. in-8, demi-rel. veau fauve, dos ornés, têtes dor., non rog. (*Paul Vié*).

Rare.

457. **POLYBIBLION**. Revue bibliographique universelle. Deuxième Série [du tome troisième au tome trente-quatrième inclusivement]. *Paris*, 1877-1908, 32 vol. in-8, à 2 col., cart. dos de percal. bleue, non rog.

458. **Prévost** (L'Abbé). Histoire de Manon Lescaut et du Chevalier des Grieux, par l'abbé Prévost. Edition illustrée par Tony Johannot, précédée d'une Notice historique sur l'auteur

par Jules Janin. *Paris, Ernest Bourdin, s. d.* (1839), in-8, mar. rouge, fers spéc., tr. dor. (*Rel. de l'édit.*).

90 vignettes, culs-de-lampe, titres et lettres ornées, gravés sur bois, frontispice en camaïeu, et 18 planches tirées à part, sur Chine, avant la lettre.

Exemplaire de premier tirage.

459. **Prévost** (Marcel). Féminités. *Paris, Alphonse Lemerre*, 1910, in-12, br.

Edition originale, avec la couverture.

Envoi autographe signé :

« *A André de Guerne*
mon confrère « in partibus »
son ami,
M. Prévost ».

460. **Prévost** (Marcel). Œuvres. *Paris*, 1888-1909, 28 vol. in-12, cart. dos de percal. verte, non rog. (*Vié-Sevin*).

Chonchette. — Mademoiselle Jaufre. — Cousine Laura. — La Confession d'un Amant. — Lettres de femmes. — L'automne d'une femme. — Les Demi-Vierges. — Le Scorpion. — Nouvelles Lettres de femmes. — Notre Compagne. — Dernières Lettres de femmes. — Trois nouvelles. — Le Jardin secret. — Les Vierges fortes (I. Frédérique-II. Léa). — L'heureux Ménage. — Le Domino jaune. — Le Pas relevé. — La Princesse d'Erminge. — La Plus Faible. — L'Accordeur aveugle (fig. en coul.). — Monsieur et Madame Moloch. — Lettres à Françoise. — Lettres à Françoise mariée. — Lettres à Françoise Maman (br., couv.) — Femmes. — La Fausse Bourgeoise. — Pierre et Thérèse.

Editions originales.

La plupart des volumes possèdent la couverture et sont enrichis d'un envoi autographe signé de Marcel Prévost au Vicomte de Guerne.

461. **Prou** (Maurice). Manuel de Paléographie latine et française du VIe au XVIIe siècle, suivi d'un Dictionnaire des abréviations avec 23 fac-similés en phototypie. *Paris, Alphonse Picard, s. d.*, pet. in-8, cart. dos de vélin blanc, tête rouge, non rog.

462. **Psichari** (Jean). Jalousie. *Paris, typographie Chamerol et Renouard*, 1892, (tiré à 100 ex.). — Cadeau de noces. — Autour de la Grèce. — Le Rêve de Yanniri (2e édition). — La Croyante. — L'Epreuve. *Paris, Calmann-Lévy*, 1893-1899, 5 vol. — Ensemble : 6 vol. in-12, cart. dos de mar. ou de percal., tête dor., non rog. (*Paul Vié*).

Editions originales.

Envois autographes signés de Jean Psichari au Vicomte de Guerne.

463. **Ramayana** (Le). Poème sanscrit de Valmiki. Traduit en français par Hippolyte Fauché. *Paris, Librairie internationale. A. Lacroix, Verboeckhoven et Cie*, 1864-65, 3 vol. in-8, cart. toile grise, têtes jasp., non rog.

464. **Raynouard**. Monuments historiques relatifs à la condamnation des Chevaliers du Temple, et à l'abolition de leur ordre. *Paris, de l'imprimerie d'Adrien Egnon [chez Batilliot et Delaunay]*, 1813, in-8, demi-rel. mar. vert olive, fil., tête dor., non rog. (*Paul Vié*).

465. **RECLUS** (Elisée). Nouvelle Géographie universelle. La Terre et les Hommes. *Paris, Hachette et Cie*, 1876-1894, 19 vol. in-4 portrait gravé, figures, cartes en couleurs et en noir, hors-texte et dans le texte, demi-rel. dos et coins de mar. brun, têtes dor., non rog. (*Paul Vié*).

466. **Regnard** (J. F.). Œuvres complètes. Nouvelle édition avec des variantes et des notes. *A Paris, chez J. L. J. Brière [de l'imprimerie de Crapelet]* 1823, 6 vol. in-8, demi-rel. veau bleu, dos ornés, de fil. dor., tr. marbr. (*Messier*).

467. **RÉGNIER** (Henri de). **Les Amants singuliers**. *Paris, Mercure de France*, 1901, in-12, cart. dos et coins de mar. vert, dos orné fil., tête dor., non rog.

Edition originale, avec la couverture.
Envoi autographe signé :
« *A André de Guerne*
son ami
Henri de Régnier ».

468. **RÉGNIER** (Henri de). **L'Amphisbène**. Roman moderne. *Paris, Mercure de France*, 1912, in-12, br.

Edition originale, avec la couverture.
Envoi autographe signé :
« *A André de Guerne*
son ami
Henri de Régnier ».

469. **RÉGNIER** (Henri de). **Aréthuse**. *Paris, Librairie de l'Art indépendant*, 1895, pet. in-8 carré, cart. dos et coins de mar. vert à long grain, dos orné, fil., tête dor., non rog. (*Paul Vié*).

Edition originale, avec la couverture.
Envoi autographe signé :
« *Au Vicomte André de Guerne*
amical hommage de :
Henri de Régnier ».

470. **RÉGNIER** (Henri de). **Le Bon Plaisir**. Roman. *Paris, Mercure de France*, 1902, in-12, cart. dos et coins de mar. vert à long grain, dos orné, fil., tête dor., non rog. (*Paul Vié*).

Edition originale, avec la couverture.
Envoi autographe signé :
« *A André de Guerne*
son ami
Henri de Régnier ».

471. **RÉGNIER** (Henri de). **La Canne de Jaspe.** Monsieur d'Amercœur. Le Trèfle noir. Contes à soi-même. *Paris, Mercure de France*, 1897, in-12, cart. dos et coins de mar. vert, dos orné, fil., tête dor., non rog. (*Paul Vié*).

Edition originale, avec la couverture.
Envoi autographe signé :
« *A André de Guerne*
son ami et admirateur
Henri de Régnier ».

472. **RÉGNIER** (Henri de). **La Cité des Eaux.** *Paris, Mercure de France*, 1902, in-12, cart. dos et coins de mar. vert, dos orné, fil., tête dor., non rog. (*Paul Vié*).

Edition originale, avec la couverture.
Envoi autographe signé :
« *A André de Guerne*
cordial hommage
Henri de Régnier ».

473. **RÉGNIER** (Henri de). **Contes à soi-même.** *Paris, Librairie de l'Art indépendant*, 1894, in-18, cart. dos de mar. vert à long grain, dos orné, fil., tête dor., non rog. (*Paul Vié*).

Edition originale, avec la couverture.
Envoi autographe signé :
« *au Vicomte André de Guerne*
hommmage de sympathie
Henri de Régnier ».

474. **RÉGNIER** (Henri de). **Couleur du Temps.** Le Trèfle blanc. L'Amour et le plaisir. Tiburce et ses amis. Contes pour les Treize. *Paris, Mercure de France*, 1909, in-12, cart. dos de mar. vert, dos orné, fil., tête dor., non rog.

Edition en partie originale, avec la couverture.
Envoi autographe signé :
« *A André de Guerne*
son ami
Henri de Régnier ».

475. **RÉGNIER** (Henri de). **La Double Maîtresse.** Roman. *Paris, Mercure de France*, 1900, in-12, cart. dos et coins de mar. vert à long grain, dos orné, fil., tête dor., non rog. (*Paul Vié*).

Edition originale.
Envoi autographe signé :
« *A André de Guerne*
amical hommage
Henri de Régnier ».

476. **RÉGNIER** (Henri de). **Episodes.** (Poèmes, 1886-1888). [*Paris*], *Vanier, s. d.*, (1888), pet. in-8 carré, cart. dos et coins de mar. vert à long grain, dos orné, fil., tête dor., non rog. (*Paul Vié*).

Edition originale, avec la couverture.
Envoi autographe signé :
« *à M. le Vicomte André de Guerne*
offert par
Henri de Régnier
Janv. 89 ».

477. **RÉGNIER** (Henri de). **Figures et Caractères**. *Paris, Mercure de France*, 1901, in-12, cart. dos et coins de mar. vert, dos orné, fil., tête dor., non rog.

Edition originale, avec la couverture.
Envoi autographe :
« *A André de Guerne*
amicalement
R ».

478. **RÉGNIER** (Henri de). **La Flambée**. Roman. *Paris, Mercure de France*, 1909, in-12, cart. dos et coins de mar. vert, dos orné, fil., tête dor., non rog. (*Vié-Sevin*).

Edition originale.
Envoi autographe signé :
« *A André de Guerne*
son ami
Henri de Régnier ».

479. **RÉGNIER** (Henri de). **Les Jeux rustiques et divins.** Aréthuse. Les Roseaux de la Flûte. Inscriptions pour les treize portes de la Ville. La Corbeille des Heures. Poèmes divers. *Paris, Mercure de France*, 1897, in-12, cart. dos et coins de mar. vert à long grain, dos orné, fil., tête dor., non rog. (*Paul Vié*).

Edition originale, avec la couverture.
Envoi autographe signé :
« *A André de Guerne*
son ami
Henri de Régnier ».

480. **RÉGNIER** (Henri de). **Le Mariage de Minuit**. Roman. *Paris, Mercure de France*, 1903, in-12, cart. dos et coins de mar. vert, dos orné, fil., tête dor., non rog. (*Paul Vié*).

Edition originale, avec la couverture.
Envoi autographe signé :
« *à André de Guerne*
son ami
Henri de Régnier ».

481. **RÉGNIER** (Henri de). **Les Médailles d'Argile.** Poèmes. *Paris, Mercure de France*, 1900, in-12, cart. dos et coins de mar. vert à long grain, dos orné, fil., tête dor., non rog. (*Paul Vié*).

Edition originale.
Envoi autographe signé :
« *A André de Guerne*
cordial hommage
Henri de Régnier ».

482. **RÉGNIER** (Henri de). **Le Miroir des Heures.** 1906-1910. *Paris, Mercure de France*, 1910, in-12, br.

Edition originale, avec la couverture.
Envoi autographe signé :
« *A André de Guerne*
cordialement
Henri de Régnier ».

483. **RÉGNIER** (Henri de). **Le Passé vivant.** Roman moderne. *Paris, Mercure de France*, 1905, in-12, cart. dos et coins de mar. vert, dos orné, fil., tête dor., non rog.

Edition originale, avec la couverture.
Envoi autographe :
« *A André de Guerne*
cordialement
R ».

484. **RÉGNIER** (Henri de). **La Peur de l'Amour.** Roman. *Paris, Mercure de France*, 1907, in-12, cart. dos et coins de mar. vert, dos orné, fil., tête dor., non rog.

Edition originale, avec la couverture.
Envoi autographe signé :
« *A André de Guerne*
son ami
Henri de Régnier ».

485. **RÉGNIER** (Henri de). **Poèmes** anciens et romanesques, 1877-1889. *Paris, Librairie de l'Art indépendant*, 1890, pet. in-8 carré, cart. dos et coins de mar. vert à long grain, dos orné, fil., tête dor., non rog. (*Paul Vié*).

Edition originale, avec la couverture.
Envoi autographe signé :
« *A Mr le Vte de Guerne*
hommage sympathique
Henri de Régnier ».

486. **RÉGNIER** (Henri de). **Poèmes.** 1887-1892. Poèmes anciens et romanesques. Tel qu'en songe. Augmentés de plusieurs poèmes. *Paris, Mercure de France*, 1895, in-12, cart. dos et

coins de mar. vert à long grain, dos orné, fil., tête dor., non rog. (*Paul Vié*).

Edition originale, avec la couverture.
Envoi autographe signé :
« *au Vte de Guerne*
son ami
Henri de Régnier ».

487. **RÉGNIER** (Henri de). **Premiers Poèmes.** Les Lendemains. Apaisement. Sites. Episodes. Sonnets. Poésies diverses. *Paris, Mercure de France*, 1899, in-12, cart. dos et coins de mar. vert à long grain, dos orné, fil., tête dor., non rog.

Edition originale.
Envoi autographe signé :
« *A André de Guerne*
amical hommage
Henri de Régnier ».

488. **RÉGNIER** (Henri de). **Les Rencontres de M. de Bréot.** Roman. *Paris, Mercure de France*, 1904, in-12, cart. dos et coins de mar. vert, dos orné, fil., tête dor., non rog. (*Paul Vié*).

Edition originale, avec la couverture.
Envoi autographe :
« *A André de Guerne*
cordialement
R ».

489. **RÉGNIER** (Henri de) **La Sandale ailée**, 1903-1905. *Paris, Mercure de France*, 1906, in-12, cart. dos et coins de mar. vert, dos orné, fil., tête dor., non rog.

Edition originale, avec la couverture.
Envoi autographe signé :
« *A André de Guerne*
son ami
Henri de Régnier ».

490. **RÉGNIER** (Henri de). **Tel qu'en songe.** *Paris, Librairie de l'Art indépendant*, 1892, pet. in-8 carré, cart. dos et coins de mar. vert à long grain, dos orné, fil., tête dor., non rog. (*Paul Vié*).

Edition originale, avec la couverture.
Envoi autographe signé :
« *A André de Guerne*
cordial hommage
Henri de Régnier ».

491. **RÉGNIER** (Henri de). **Le Théâtre aux Chandelles.** Les Scrupules de Sganarelle. *Paris, Mercure de France*, 1908, in-12, cart. dos et coins de mar. vert, dos orné, fil., tête dor., non rog.

Edition originale.
Envoi autographe signé :
« *A André de Guerne*
son ami
Henri de Régnier ».

492. **RÉGNIER** (Henri de). **Le Trèfle blanc.** *Paris, Mercure de France*, 1899, in-32, cart. dos et coins de mar. vert à long grain, dos orné, fil., tête dor., non rog. (*Paul Vié*).

Edition originale, avec la couverture.
Envoi autographe :
« *A André de Guerne*
amical hommage
H. R. ».

493. **RÉGNIER** (Henri de). **Le Trèfle noir.** Orné par Alfonse Herold. *Paris, Mercure de France*, 1895, in-32, pap. vergé, cart. dos et coins de mar. vert à long grain, dos orné, fil., tête dor., non rog. (*Paul Vié*).

Edition originale, avec la couverture.
Envoi autographe signé :
« *Au Vicomte de Guerne,*
Souvenir amical,
Henri de Régnier ».
Correction de la main de l'auteur — « *chaumes* » pour « *champs* » — page 83.

494. **RÉGNIER** (Henri de) **Les Vacances d'un Jeune homme sage.** Roman. *Paris, Mercure de France*, 1903, in-12, cart. dos et coins de mar. vert, dos orné, fil., tête dor., non rog.

Edition originale, avec la couverture.
Envoi autographe :
« *A André de Guerne*
cordial hommage
R ».

495. **Reinach** (Salomon). Antiquités du Bosphore Cimmérien (1854), rééditées avec un commentaire nouveau et un Index général des Comptes rendus, par Salomon Reinach. *Paris, Firmin-Didot et Cie*, 1892, in-4, fig. dans le texte, nombr. planches de reproductions hors-texte, demi-rel. dos et coins de mar. rouge, dos orné, fil., tête dor., non rog. (*Paul Vié*).

496. **Renan** (Ernest). Ma Sœur Henriette. Avec illustrations d'après Henri Scheffer et Ary Renan. Reproduites par l'héliogravure. (*Paris*), *Calmann-Lévy*, 1895, in-12, demi-rel. dos et coins de mar. rouge, tête dor., non rog., couv. (*Paul Vié*).

497. **RENAN** (Ernest). **Œuvres complètes.** *Paris, Calmann Lévy*, 1863-1906, 32 vol. in-8, demi-rel. dos et coins de mar. rouge, têtes dor., non rog. (*Paul Vié*).

Histoire des origines du Christianisme [Vie de Jésus. — Les Apôtres. — Saint-Paul. — L'Antechrist. — Les Evangiles et la seconde génération chrétienne. L'Eglise chrétienne. — Marc-Aurèle et la fin du monde antique. — Index général de l'Histoire des origines du Christianisme], 8 vol. — Histoire du Peuple d'Israël, 5 vol. — Histoire générale et système comparé des langues sémitiques. — Le Livre de Job. — Le Cantique des cantiques. — L'Avenir de la Science. — De l'origine du langage. — Averroës et l'Averroïsme. — Etudes d'Histoire religieuse. — Nouvelles études d'histoire religieuse. — Etudes sur la politique religieuse du règne de Philippe le Bel. — L'Ecclésiaste. — Feuilles détachées. — Mélanges d'histoire et de voyages. — Dialogues philosophiques. — Drames philosophiques. — Mélanges religieux et historiques. Souvenirs d'enfance et de jeunesse. — Cahiers de Jeunesse, 1845-46. — Lettres du Séminaire, 1838-1846. — Lettres intimes, 1842-45. Ma Sœur Henriette.

On joint à cette collection :

De Philosophia Peripatetica apud Syros commentationem historicam, scripsit E. Renan. *Parisiis, apud A. Durand (e typis Crapelet)*, 1852, in-8, cart. dos et coins de mar. rouge, tête dor., non rog. (Thèse rarissime). — Rapport adressé à M. le Ministre de l'instruction publique par M. Ernest Renan, chargé d'une mission scientifique et littéraire en Italie, conjointement avec M. le Docteur Daremberg. *Paris, Impr. Nat., juillet 1850*), plaq. in-8, cart. dos et coins de percal. rouge, non rog. (Très rare). — Mary James Darmesteter. La Vie de Ernest Renan. *Paris, Calmann-Lévy*, 1898 in-12, cart. dos de mar. rouge, dos orné, tête dor., non rog. — Hippolyte Parigot. Renan. L'Egoïsme intellectuel *Paris, Flammarion, s. d.*, in-12, br., couv.

Ensemble : **36 volumes.**

498. **Renan** (Ary). Rêves d'Artiste. [Avec deux héliogravures]. *Paris, Calmann-Lévy, s. d.*, in-12 carré, cart. dos et coins de mar. vert olive, dos orné, fil., tête dor., non rog.

Edition originale, avec la couverture.

Envoi autographe signé :

« *A M. André de Guerne,*
souvenir amical de
M. et Mme Psichari.
Paris, 9 juillet 1901 ».

499. **Renan** (Ernest). Vie de Jésus. *Paris, Michel Lévy frères*, 1867, in-8, demi-rel. dos et coins de mar. bleu clair, tête dor., non rog., couv. (*Champs*).

Exemplaire tiré sur **papier de Hollande.**

Envoi autographe signé :

« *A M. Moreau-Chalon*
Souvenir affectueux
E. Renan ».

500. **Répertoire du Théâtre Français.** *A Paris, Imprimerie de Jules Didot aîné, [chez Ladrange, Guibert, Lheureux, et Ver-*

dière] 1823-24, 40 tomes en 22 vol. in-32, demi-rel. dos et coins de basane rouge, dos sans nerfs, fil., tr. jasp.

501. **Revue comique** (La) à l'usage des gens sérieux. Histoire morale, philosophique, politique, critique, littéraire et artistique de la semaine. Texte par MM. A. Lireux, C. Caraguel, P. Vertot, E. de La Bédollière, Gérard de Nerval, etc. etc. ; Dessins par MM. Bertall, Nadard, Fabritzius, Otto Lorentz, Béguin, Quillenbois. *Paris, Dumineray, s. d.* (1848-49), 2 parties en un vol. in-8 à 2 col. nombr. illustrations gravées sur bois, cart. dos de toile bleue, tr. jasp.

Rare. — Tome Ier complet (368 p.). Le tome II, sans titre, s'arrête à la page 70.

502. **REVUE DE L'HISTOIRE DES RELIGIONS** [Annales du Musée Guimet]. Publié sous la direction de MM. Jean Réville et Léon Marillier. [De la dix-septième année (tome XXXIII) au tome LVIII (vingt-neuvième année)]. *Paris, Ernest Leroux*, 1896-1908, 26 tomes en 13 vol. in-8, demi-rel. mar. bleu, têtes dor., non rog. (*Paul Vié*).

503. **Rictus** (Jehan). Les Soliloques du Pauvre. [*Paris*] *chez l'auteur*, 1897, pet. in-8 carré, couverture et portrait-frontispice par Steinlen, cart. dos de percal. noire, non rog. (*Paul Vié*).

Edition originale, avec la couverture.
L'un des exemplaires tirés sur papier vélin.

504. **Rio** (A.-F.). De l'Art chrétien. Nouvelle édition entièrement refondue et considérablement augmentée. *Paris, Bray et Retaux*, 1874, 4 vol. in-12, demi-rel. chagr. rouge, dos ornés, tr. jasp.

505. **ROHAN** (Duchesse de). **Lande fleurie**. *Paris, Calmann-Lévy, s. d.*, in-12 tiré à toutes marges, br., dans une chemise de mar. souple, couleur crême, doublée de satin blanc.

Edition originale, avec la couverture.
L'un des **50** exemplaires tirés sur grand **papier du Japon** (n° 22).
Envoi autographe signé :
« *à mon cher ami le Vicomte de Guerne, souvenir de profonde et affectueuse admiration.*

Duchesse de Rohan ».

506. **Rohan** (Duchesse de). Les Dévoilées du Caucase. Notes de voyage (Avec illustrations hors-texte). — Souffles d'Océan. *Paris, Calmann-Lévy, s. d.*, 2 vol. in-12, br.

Editions originales, avec les couvertures.
Envois autographes signés de la Duchesse de Rohan au Vicomte de Guerne.

507. **Rohan** (Duchesse de). Les Lucioles. *Paris, Calmann-Lévy, s. d.*, in-12, br.

Edition originale, avec la couverture.
L'un des **50** exemplaires tirés sur **papier du Japon** (n° 23), enrichi d'une pièce de vers autographe (dédiée au Vicomte de Guerne) parue dans l'ouvrage, et auquel on a joint, du même auteur : *Souffles d'Océan* (3e édit.). in-12, br., couv.
Envoi autographe signé de la Duchesse de Rohan au Vicomte de Guerne sur chaque volume.

508. **Rolland** (Léonce). Les Ephèbes. *Alger, édition de l'imprimerie Algérienne*, 1907, pet. in-8 carré, br.

Edition originale, avec la couverture.
Envoi autographe signé :
« *A Monsieur le Vicomte de Guerne en témoignage de* ***respectueuse admiration****, j'offre ces faibles essais.*
Léonce Rolland.
Alger, 31 mai 1907 ».

509. **ROLLAND** (Romain). Jean-Christophe à Paris. *Paris, Paul Ollendorff*, 1907-1908, et *s. d.*, 10 vol. in-12, br., couv.

L'Aube. Le Matin. L'Adolescent. La Révolte. La Foire sur la Place. Antoinette. Dans la Maison. Les Amies.

510. **Romans**. Réunion de 20 vol. in-12, demi-rel., cart., ou br., couv.

Œuvres de : Ackermann. — Aristide Briand. — Jules Breton. — Barbier. — Etc., etc., etc.

511. **Romans**. Réunion de 20 vol. in-12, cart. ou br., couv.

Œuvres de : d'Avenel. — Gilbert Augustin-Thierry. — D'Annunzio. — Juliette Adam. — Etc., etc., etc.

512. **Romans**. Réunion de 20 vol. in-12, cart., ou br., couv.

Œuvres de : Balzac. — Bonnetain. — Brun. — Etc., etc., etc.

513. **Romans**. Réunion de 20 vol. in-12, demi-rel., cart., ou br., couv.

Œuvres de : Batiffol. — Emile Blémont. — De Beauvoir. — Abel Bonnard. — Bibesco. — Etc., etc., etc.

514. **Romans**. Réunion de 20 vol. in-12, cart. ou br., couv.

Œuvres de : Cantacuzène. — Callon. — Chevé. — Léonce Depont. — Maxime Formont. — Etc., etc., etc.

515. **Romans**. Réunion de 20 vol. in-12, cart. ou br., couv.

Œuvres de : Baye. — Dammartin. — Augé de Lassus. — Fontainas. — Gualdo. — Gille. — Gossez. — Etc., etc., etc.

516. **Romans**. Réunion de 20 vol. in-12, demi-rel., cart., ou br., couv.

Œuvres de : Darien. — Ch. Dielh. — Diodore de Sicile. — Paul Féval. — Etc., etc., etc.

517. **Romans**. Réunion de 20 vol. in-12, demi-rel., cart., ou br., couv.

Œuvres de : Alphonse Daudet. — Casimir Delavigne. — Paul Deschanel. — Etc., etc., etc.

518. **Romans**. Réunion de 20 vol. in-12, demi-rel., cart., ou br., couv.

Œuvres de : Debay. — Delaunay. — Dumas fils. — Drumont. — Droz. — Duruy. — Etc., etc., etc.

519. **Romans**. Réunion de 20 vol. in-12, demi-rel., cart. ou br., couv.

Œuvres de : Franklin ; — Flat. — Fogazzaro. — Ernest Gauthier. — Gaboriau. — Gœthe. — Etc., etc., etc.

520. **Romans**. Réunion de 20 vol. in-12, demi-rel., cart. ou br., couv.

Œuvres de : Clovis Hugues ; — Paul Hervieu. — Jules Huret. — Ibanez. — Jouffroy. — De Lescure. — Etc., etc., etc.

521. **Romans**. Réunion de 20 vol. in-12, demi-rel., cart. ou br., couv.

Œuvres de : Las-Cazes (Mémorial). — Leconte de Lisle. — Pierre Loti. — Etc., etc., etc.

522. **Romans**. Réunion de 20 vol. in-12, la plupart cart. dos de percal.

Œuvres de : Georges Leygues. — Florentin Loriot. — Victor Margueritte. — Paul Mariéton. — Etc., etc., etc.
Exemplaires enrichis d'envois autographes signés.

523. **Romans**. Réunion de 20 vol. in-12, cart. ou br., couv.

Œuvres de : Martha. — Catulle Mendès. — Oscar Méténier. — Hector Malo. — Etc., etc., etc.

524. **Romans**. Réunion de 20 vol. in-12, cart. ou br., couv.

Œuvres de : Calmels. — Chénier. — Cervantès. — Cousin. — Eugène Chavette. — Etc., etc., etc.

525. **Romans**. Réunion de 20 vol. in-12, demi-rel., cart. ou br., couv.

Œuvres de : Nadaud. — Valmore. — Veuillot. — Virgile. — Etc., etc., etc.

526. **Romans**. Réunion de 20 vol. in-12, cart. ou br., couv.

Œuvres de : F. de Neufville. — De Pimodan. — Gaston de Raims. — Saint-Maurice. — Etc.
Envois autographes signés à tous les volumes.

527. **Romans**. Réunion de 20 vol. in-12, demi-rel., cart. ou br., couv.

Œuvres de : Frédéric Plessis. — Emile Pouvillon. — Gérard de Nerval. — Etc., etc., etc.

528. **Romans**. Réunion de 20 vol. in-12, demi-rel., cart., ou br., couv.

Œuvres de : Charles de Pomairols. — De Saussine. — De Souza. — Etc., etc., etc.
Exemplaires enrichis d'envois autographes signés.

529. **Romans**. Réunion de 20 vol. in-12, demi-rel., cart. ou br., couv.

Œuvres de Quinet. — Reybaud. — Renan. — Jean Rameau. — Stendhal. — Ete., etc., etc.

530. **Romans et divers**. Réunion de 20 vol. in-12, in-18 et in-32, la plupart cart. toile.

Œuvres de : Racine. — Molière. — Sthal. — Déroulède. — Lamartine. — Etc., etc., etc.

531. **Romans**. Réunion de 20 vol. in-12, demi-rel., cart., ou br., couv.

Œuvres de : Sabatier. — George Sand. — Sienkiewicz. — Léon Séché. — Joséphin Soulary. — Etc., ete., etc.

532. **Romans**. Réunion de 20 vol. in-12, demi-rel., ou br., couv.

Œuvres de : Laurent Tailhade. — Louis Ulbach. — Oscar Wilde. — Warthon. — Vacandard. — Viardot. — Vuillemin. — Etc., etc., etc.

533. **Roques** (Joseph). Histoire des Champignons comestibles et vénéneux. Ornée de figures coloriées représentant les principales espèces dans leurs dimensions naturelles. Ouvrage utile aux amateurs de champignons. *Paris, Hocquart aîné, Gosselin, Treuttel et Würtz*, 1832, in-4, nombr. planches hors-texte en coul., demi-rel. dos et coins de mar. rouge, dos orné, non rog.

534. **SACY** (Silvestre de). Bibliothèque spirituelle. 17 vol. in-18 [*Paris, Techener*, 1856-60] demi-rel. chagr. bleu, tr. peig.

Bossuet. Lettres de piété et de dévotion, 2 vol. — Sermons choisis, 1 vol. — **Bourdaloue**. Sermons choisis, 1 vol. — **Duguet**. Morale chrétienne, 2 vol. — **Fénelon**. Lettres spirituelles, 3 vol. — **Imitation de Jésus-Christ**, 1 vol. — **Massillon**. Sermons choisis, 1 vol. — **Nicole**. Traité de Morale, 1 vol. — **Nouveau Testament**, 3 vol. — **St-François de Sales**. Introduction à la vie dévote, 2 vol.

535. **Saint-Jean Chrysostome**. Œuvres complètes. Traduction nouvelle par l'abbé J. Bareille (couronnée par l'Académie française). *Paris, Louis Vivès*, 1874-78, 11 vol. gr. in-8 à 2 col., demi-rel., mar. noir, têtes dor., non rog. (*Paul Vié*).

536. **Saint-Pierre** (Bernardin de). Etudes de la Nature. Nouvelle édition, revue, corrigée, et conforme à celle publiée par M. Aimé Martin. On y a joint l'Etude littéraire sur la partie historique du roman de Paul et Virginie, et les pièces officielles relatives au naufrage du vaisseau Le Saint-Géran, par P. L. Lemontey. *Paris, Aimé André*, 1825, 5 vol. in-8, portrait, figures et planches gravées, hors-texte, se déployant, veau fauve, dos ornés sans nerfs, dent. sur les plats, dent. intér., tr. dor.

537. **Saint-Victor** (Paul de). Les Deux Masques. Tragédie. Comédie. (I. Les Antiques, 2 vol. — II. Les Modernes, 1 vol.). — Victor Hugo ; 1 vol. *Paris, Calmann-Lévy*, 1880-85. — Ensemble : 4 vol. in-8, demi-rel. mar. vert, têtes dor., non rog.

538. **Sainte-Beuve** (C.-A.). Port-Royal. *Paris, Hachette et Cie*, 1908-1910, 7 vol. in-12, br., couv.

539. **SAINTE BIBLE POLYGLOTTE** (La) ; contenant le texte hébreu original, le texte grec des septante, le texte latin de la Vulgate, et la traduction française de M. l'abbé Glaire ; avec les différences de l'hébreu, des septante et de la Vulgate ; des introductions, des notes, des cartes et des illustrations, par F. Vigouroux. *Paris, A. Roger et F. Chernoviz*, 1900-1909, 8 vol. gr. in-8 à 2 col., pap. vergé, fig. et cartes, cart. dos de veau fauve, têtes dor., non rog. (*Paul Vié*).

540. **Saulcy** (F. de). Histoire d'Hérode, roi des Juifs. *Paris, L. Hachette et Cie*, 1867, in-8, demi-rel. dos et coins de mar. vert, tête dor., non rog.

541. **Saulcy** (F. de). Jérusalem. *Paris, Vve A. Morel et Cie*, 1882, gr. in-8, nombr. illustrations, demi-rel. dos et coins de mar. grenat foncé, tête dor., non rog.

542. **Schlumberger** (Gustave). L'Epopée byzantine à la fin du dixième siècle. Guerres contre les Russes, les Arabes, les Allemands, les Bulgares. Luttes civiles contre les deux Bardas ; Jean Tzimiscès. Les jeunes années de Basile II le Tueur de Bulgares (969-989). (*Paris*), *Hachette et Cie*, 1896-1900, 2 vol. in-4, nombr. portr., cartes en couleurs, fac-simile, et fig. hors-texte et dans le texte, cart. dos de mar. orange, dos ornés et mosaïqués, têtes dor., non rog., couv.

543. **Schuhl** (Moïse). Sentences et proverbes du Talmud et du Midrasch, suivis du Traité d'Aboth. *Paris, Imprimerie Nationale* [*Joseph Baer et Cie*], 1878, gr. in-8, demi-rel. veau jaune, dos orné, tête dor., non rog. (*Paul Vié*).

544. **Ségur** (Marquis de). Œuvres. *Paris*. 1886-1912, 7 vol. in-8 et in-12, demi-rel., cart., ou br., couv.

Esquisses et récits. — Gens d'autrefois. — La Maison. — Œuvres poétiques. — Parmi les Cyprès et les Lauriers. — Portrait d'âme. — Silhouettes historiques.
Editions originales.
Exemplaires enrichis d'envois autographes du Marquis de Ségur au Vicomte de Guerne.

545. **Ségur** (Pierre de). Œuvres. *Paris, Calmann-Lévy, s. d.*, 1897-99, 7 vol. in-8, portr.-frontisp., demi-rel. mar. bleu, dos ornés, fil., têtes dor., non rog. (*Vié-Sevin*).

Au couchant de la Monarchie. Louis XVI et Turgot. — La Dernière des Condé. — La Jeunesse du Maréchal de Luxembourg. — Le Maréchal de Luxembourg et le prince d'Orange. — Julie de Lespinasse. — Le Royaume de la rue St-Honoré. — Le Tapissier de Notre-Dame.
Editions originales. — Envoi autographes signés de Pierre de Ségur au Vicomte de Guerne.

546. **Seillière** (Ernest). Littérature et morale dans le Parti socialiste allemand. — Une Tragédie d'Amour au temps du Romantisme. *Paris, Plon*, 1898-1909, 2 vol. in-12, cart. dos de mar., dos ornés, fil., têtes dor., non rog. (*Vié-Sevin*).— Barbey d'Aurevilly. Ses idées et son œuvre. *Paris, Bloud et Cie*, 1910, in-12, br., couv. — Ensemble : 3 vol. in-12.

Editions originales.
Exemplaires enrichis d'envois autographes signés de Ernest Seillière au Vicomte de Guerne.

547. **Seillière** (Ernest). Œuvres. *Paris, E. Plon, Nourrit et Cie*, 1897-1908, 5 vol. in-8, cart. dos et coins de mar. grenat, dos ornés, fil., têtes dor., non rog. (*Paul Vié*).

I. Etudes sur Ferdinand Lassalle, fondateur du Parti socialiste allemand. — II. *La Philosophie de l'Impérialisme* (4 vol.) : *a*) Le Comte de Gobineau et l'Aryanisme historique : — *b*) Appolôn ou Dionysos. — *c*) L'Impérialisme démocratique. — *d*) Le Mal romantique.
Envois autographes signés de l'auteur au Vicomte de Guerne.

548. **Shakespeare**. Œuvres complètes. Traduction de M. Guizot. *Paris, Librairie académique. — Didier et Cie*, 1868, 8 vol. in-12, demi-rel. mar. rouge, tr. peig.

549. **Siegfried** (Carl) ùnd D. Bernhard **Stade**. Hebraïsches Worterbuch Zum Alten Testamente. *Leipzig, Veit ùnd Co*, 1893, fort vol. pet. in-8 carré à 2 col., veau marb., dos orné, tête rouge, non rog. (*Paul Vié*).

550. **Silvestre** (Armand). Poésies. — La Chanson des Heures. — Les Ailes d'or. *Paris, Charpentier et Cie*, 1875-1880, 3 vol. in-12, demi-rel. ou cart., tr. peig. ou non rog.

Editions originales.

551. **Simon** (Jules). Histoire de l'Ecole d'Alexandrie. *Paris, Joubert*, 1845, 2 vol. in-8, demi-rel. mar. brun, tr. dor. (*Paul Vié*).

552. **Strabon**. Géographie. Traduction nouvelle par Amédée Tardieu. *Paris, L. Hachette et Cie*, 1867-1890, 4 vol. in-12, demi-rel. veau fauve, têtes jasp., non rog.

553. **Strauss** (D. F.). Nouvelle Vie de Jésus. Traduite de l'allemand par A. Nefftzer et Ch. Dollfus. Seule traduction autorisée par l'auteur. *Paris, Librairie Internationale — J. Hetzel et A. Lacroix, s. d.*, 2 vol. in-8, demi-rel. mar. rouge, têtes jasp., non-rog.

554. **Sully-Prudhomme**. Le Bonheur. Poème. — Que sais-je ? Examen de conscience sur l'origine de la vie terrestre. — Testament poétique. *Paris, Alphonse Lemerre*, 1888-1901, 3 vol. in-12, cart. dos et coins de mar. vert foncé, dos ornés, fil., têtes dor., non rog. (*Paul Vié*).

Editions originales, avec les couvertures.
Exemplaires enrichis d'envois autographes de Sully-Prudhomme au Vicomte de Guerne.

555. **Sully-Prudhomme**. Les Solitudes. — La Justice. — Réflexions sur l'Art des Vers. *Paris, Alphonse Lemerre*, 1869-1892, 3 vol. in-12, cart. ou demi-rel. mar., tr. peig. ou têtes dor..

Editions originales.

556. **Susemihl** (Franz). Geschichte der Griechischen Litteratur in der Alexandrinerzeit. *Leipzig, Teubner*, 1891-92, 2 vol. in-8, demi-rel. dos et coins de mar. grenat, têtes dor., non rog. (*Paul Vié*).

557. **Taine** (H.). Les Opinions de M. Graindorge. — Voyage en Italie, 2 vol. — H. Taine. Sa vie et sa correspondance. Correspondance de Jeunesse. Le Critique et le Philosophe. L'Historien, 3 vol. *Paris, Hachette et Cie*, 1868-1905, 6 vol. in-12, demi-rel. mar. brun, têtes dor., non rog., ou cart. dos de percal.

558. **TAINE** (H.). Les Origines de la France contemporaine. *Paris, Hachette et Cie*, 1878-1894, 6 vol. in-8, demi-rel. dos et coins de mar. grenat foncé, têtes dor., non rog. (*Paul Vié*).

L'Ancien Régime. — La Révolution, 3 vol. — Le Régime moderne, 2 vol.

559. **Talmud de Babylone** (Le) traduit en langue française et complété par celui de Jérusalem et par d'autres monuments de l'Antiquité judaïque, par l'abbé. L. Chiarini. *Leipzig, chez J. A. G. Weigel*, 1831, 2 vol. in-8, demi-rel. veau marb., dos ornés, têtes rouges, non rog. (*Paul Vié*).

560. **TALMUD DE JERUSALEM** (Le). Traduit pour la première fois par Moïse Schwab. *Paris, Maisonneuve et Ch. Leclerc*, 1878-89, 11 vol. gr. in-8, demi-rel. dos et coins de mar. vert olive, têtes dor., non rog. (*Paul Vié*).

561. **TEXTS AND STUDIES** contributions to biblical and Patristic litterature. Edited by J. Armitage Robinson. M. A. *Cambridge, at the University Press*, 1891-1909, 7 vol. in-8, facsimile, demi-rel. mar. vert foncé, têtes dor., non rog. (*Paul Vié*) et 1 fascicule, br., couv.

Tomes I à VII inclus, et fascicule 1 du tome VIII.

562. **Thamin** (Raymond). Saint Ambroise et la morale chrétienne au IVe siècle. Etude comparée des traités « des devoirs » de Cicéron et de Saint-Ambroise. *Paris, G. Masson*, 1895, gr. in-8, demi-rel. mar. noir, tête rouge, non rog. (*Paul Vié*).

563. **Theuriet** (André). Œuvres. *Paris*, 1878-1889, 6 vol. in-12, cart. dos de percal. jaune, non rog. (*Paul Vié*).

Sous bois. — Le Livre de la Payse. — Le Journal de Tristan. — L'Affaire Froideville. — Amour d'Automne (IIe édit.). — Deux Sœurs.
Editions originales, avec les couvertures.

564. **Theuriet** (André). Œuvres. *Paris*, *Alphonse Lemerre*, 1891-1902, 7 vol. in-12, cart. dos de percal. jaune, non rog. (*Paul Vié*).

Charme dangereux. — Mademoiselle Roche. — Boisfleury. — Le Refuge. — Villa tranquille. — Claudette. — Le Manuscrit du Chanoine.
Editions originales, avec les couvertures.
Exemplaires tirés sur **grand papier** et enrichis d'envois autographes signés de André Theuriet au Vicomte de Guerne.

565. **Thierry** (Amédée). Œuvres. *Paris*, *Didier et Cie*, 1860-1878, 8 vol. in-8, demi-rel. veau fauve, fil., têtes dor., non rog. (*Paul Vié*).

I. Récits de l'Histoire Romaine au Ve siècle. Derniers temps de l'Empire d'Occident. — II. Nouveaux Récits de l'Histoire Romaine aux IVe et Ve siècles. Trois ministres des fils de Théodose : Rufin, Eutrope, Stilicon. — III. Saint Jérôme. La Société chrétienne à Rome et l'émigration romaine en Terre sainte, 2 vol. — IV. Histoire d'Attila et de ses successeurs, jusqu'à l'établissement des Hongrois en Europe, suivie des Légendes et traditions, 2 vol. — V. Saint Jean Chrysostome et l'Impératrice Eudoxie. La Société chrétienne en Orient. — VI. Nestorius et Eutychès. Les Grandes Hérésies du Ve siècle.

566. **Thiers.** Histoire de la Révolution française. Quatrième édition. *Paris*, *Lecointe* [*Typographie de Firmin Didot frères*], 1834, 10 vol. in-8, demi-rel. veau vert, dos ornés sans nerfs, non rog.

Exemplaire non rogné, orné d'environ 235 portraits et figures.

567. **Tolstoï** (Comte Léon). Œuvres. *Paris*, 1879-1900, 11 vol. in-12, cart. percal. verte, non rog.

La Guerre et la Paix, 3 vol. — Anna Karénine, 2 vol. — A la recherche du Bonheur. — La Mort. — Les Cosaques. — Ma Confession. — La Sonate de Kreutzer. — Résurrection.

568. **Uzanne** (Octave). Poëtes de ruelles au XVIIe siècle. *Paris*, *Librairie des Bibliophiles* (*Jouaust*), 1875-78, 4 vol. in-12, pap. vergé, br., couv.

La Guirlande de Julie, augmentée de documents nouveaux, publiée avec notice, notes et variantes et ornée d'un portrait inédit de Julie d'Angennes. — Poésies de Benserade ; publiées par Octave Uzanne. —

Poésies de François Sarrasin, avec notices, préface et notes. Portrait d'après Robert Nanteuil. — Poésies de M. de Montreuil, augmentées de pièces inédites, publiées avec préface et notes. Portrait, frontispice et vignette.

569. **Vacaresco** (Hélène). Œuvres. *Paris, s. d.*, et 1907 — 4 vol. in-12 carré, in-12 et in-24, cart. ou br.

Le Rhapsode de la Dambovita. Chansons, ballades roumaines. — Le Jardin passionné. — Lueurs et flammes. — Nuits d'Orient. Folkore roumain (sans couv.).

Editions originales, avec les couvertures.

Envois autographes signés de l'auteur au Vicomte de Guerne.

570. **Vachon** (Marius). Puvis de Chavannes. *Paris, Braun, Clément et Cie, — A. Lahure*, 1895, in-4, nombr. reproductions en noir et en couleurs, hors-texte et dans le texte ; en feuilles, dans le cart. des éditeurs.

571. **Valabrègue** (Antony). La Chanson de l'Hiver. *Paris, Alphonse Lemerre*, 1890, in-12, cart. dos de percal. grenat, non rog.

Edition originale, avec la couverture.

Envoi autographe signé :

« *au cher poète de Guerne*
souvenir sympathique
Antony Valabrègue ».

572. **Vallès** (Jules). Jacques Vingtras. L'Enfant. — Le Bachelier. — Les Réfractaires. — L'Insurgé. *Paris, G. Charpentier*, 1881-1886, 4 vol. in-12, cart. dos de percal. rouge, non rog.

573. **Vandal** (Albert). L'Avènement de Bonaparte. La Genèse du Consulat. Brumaire. La Constitution de l'an VIII. La République consulaire. 1800. *Paris, Plon-Nourrit et Cie*, 1907, 2 vol. in-8, cart. dos de percal. orange, non rog.

574. **Varia**. Réunion de 21 vol. anciens gr. in-8, in-8 et in-12, la plupart reliés, veau brun, dos ornés (*Rel. anc.*).

Le Saint Concile de Trente, par l'abbé Chanut, 1690. — An. M. Sever. Boetii Consolutionis Philosophiæ, 1656. — Poésies de Malherbe, 1776. (portr.). — Appollodori Atheniensis Bibliotheces, 1555. — Essai sur le Beau, par le P. André, 1770. — Réflex. critiq. sur la Poésie et sur la peinture, par l'abbé Du Bos, 1770, 3 vol. — Cassiodori. Opera omnia 1609. — Le Chef d'Œuvre d'un inconnu, 1758, 2 vol. (portr.). — Nouveau recueil historique d'antiquités grecques et romaines, par Furgault, 1787. — Boccacio. Decamerone. 1812, 4 vol. (portr.). — Hymnes de Callimaque. Nouv. édition avec une version française, 1775. — Octavius : cum not. ac comm. J. Ouzeli, cujus et acced. Animadversiones J. Meursii notæ, et Liber J. Firmici Materni De errore profanarum religionum, 1672. (front. gr.).— Journal du Hainaut et du Cambresis, par le Cf. de Limoges. Tome 1, 1788. — Zozimi historiæ 1784. — Longinus Toupii, 1778.

575. **Varia.** Réunion de 30 vol. ou broch., différents formats, demi-rel., cart., ou br.

Œuvres de : Frédéric Plessis. — Pierre Quillard. — Jehan Rictus. — Henri Rouger. — Etc., etc., etc.

576. **Vaucaire** (Maurice). Parcs et boudoirs. Frontispice de Giacomelli, gravé à l'eau-forte par Mongin. *Paris, Alphonse Lemerre*, 1887, in-12, cart. dos de percal. verte, non rog.

Edition originale, avec la couverture.
Envoi autographe signé :
« *A Monsieur de Guerne*
son dévoué confrère
Maurice Vaucaire ».

577. **Vaux** (Baron Ludovic de). La Palestine. Ouvrage illustré par M. P. Chardin et M. C. Mauss. *Paris, Ernest Leroux*, 1883, gr. in-8, demi-rel. dos et coins de mar. bleu, dos orné, fil., tête dor., non rog. (*Paul Vié*).

578. **VERLAINE** (Paul). **La Bonne Chanson.** *Paris, Léon Vanier*, 1891, in-12, cart. dos de percal. rouge, non rog.

Edition originale, avec la couverture.
Exemplaire tiré sur **papier de Hollande**.

579. **VERLAINE** (Paul). **Poëmes saturniens.** *Paris, Alphonse Lemerre*, 1866, in-12, cart. dos de percal. rouge.

Edition originale, avec la couverture.

580. **Vérola** (Paul). Le Nirvâna. Poème dramatique en quatre actes. *Paris, Bibliothèque artistique et littéraire*, 1900, in-4, br.

Edition originale, avec la couverture.
L'un des 385 exemplaires tirés sur papier vélin (n° 162).
Envoi autographe signé :
« *Au très pur et très noble poète qu'est le Vicomte de Guerne*
son admirateur
Paul Vérola
Paris, 10 Mai 1905 ».

581. **Vérola** (Paul). Mosé. Poème dramatique en cinq actes. *Paris, H. Floury*, 1902, pet. in-8 carré, br.

Edition originale, avec la couverture.
Envoi autographe signé :
« *Au Vicomte de Guerne*
en témoignage de grande sympathie et de vive admiration
Paul Vérola
Paris, 10 mai 1905 ».

582. **Veyssière** (Marcellin). Poésies. *Evreux, Charles Hérissey*, 1878, plaq. in-8, texte encadré d'un fil. rouge, cart. vélin blanc, non rog.

583. **Vigny** (Comte Alfred de). Œuvres. *Paris, Michel-Lévy frères*, 1865-70, 6 vol. in-12, portr. et fac-simile, demi-rel. chagr. bleu, dos ornés, têtes dor., non rog.

Cinq-Mars. — Journal d'un Poète. — Servitude et Grandeur militaires. — Stello. — Poésies. — Théâtre.

584. **Vigouroux** (F.). La Bible et les découvertes modernes en Palestine, en Egypte et en Assyrie, 4 vol. — Le Nouveau Testament et les découvertes archéologiques modernes, 1 vol. — *Paris, Berche et Tralin*, 1896, 5 vol. in-12, cartes, plans et illustrations, cart. dos de veau fauve, têtes dor., non rog. (*Paul Vié*).

585. **Vigouroux**. Dictionnaire de la Bible ; contenant tous les noms de personnes, de lieux, de plantes, d'animaux mentionnés dans les Saintes Ecritures, les questions théologiques, archéologiques, scientifiques, critiques, relatives à l'Ancien et au Nouveau Testament, et des notices sur les commentateurs anciens et modernes. Publié par F. Vigouroux, avec le concours d'un grand nombre de collaborateurs. *Paris, Letouzey et Ané*, 1895-1912, 5 forts vol. in-4 à 2 col., dont 4 demi-rel. mar. grenat, têtes rouges, non rog., et 1 en 9 fascicules avec les couv.

Ouvrage complet. — Nombr. fac-simile hors-texte, planches et fig. dans le texte.

586. **Villemain**. Œuvres. *Paris, Didier et Cie*, 1858-68, 14 vol. in-12, demi-rel. chag. rouge, dos ornés, tr. dor.

Discours et mélanges. — Eloquence chrétienne au IVe siècle. — Etudes d'histoire moderne. — Littérature ancienne et étrangère. — Littérature au Moyen-Age, 2 vol. — Littérature au XVIIIe siècle, 4 vol. — Littérature contemporaine. — République de Cicéron. — Souvenirs contemporains, 2 vol.

587. **Villiers de l'Isle Adam** (Comte de). Axël. *Paris, Maison Quantin*, 1890, in-8, demi-rel. mar. rouge, tête dor., non rog.

Edition originale.

588. **Villiers de l'Isle Adam** (Comte de). Contes cruels. *Paris, Calmann Lévy, s. d.*, in-12, cart. dos de percal. rouge, non rog. (*Paul Vié*).

Edition originale, avec la couverture.

589. **Vogüé** (Vicomte Eugène Melchior de). Le Fils de Pierre-le-Grand. *Paris, Calmann-Lévy*, 1884, 1 vol. — Jean d'Agrève. — Histoire et Poésie. — Le Rappel des Ombres. *Paris, Armand Colin et Cie*, 1897-1900, 3 vol. — Ensemble : 4 vol. in-12, demi-rel. ou cart., têtes dor. ou non rog.

Editions originales.

590. **Vogüé** (Vicomte Eugène Melchior de). Les Morts qui parlent. — Le Maître de la Mer. *Paris, E. Plon-Nourrit et Cie*, 1899-1903, 2 vol. — Les Routes. *Paris, Bloud et Cie, s. d.*, 1 vol. — Ensemble : 2 vol. in-12, cart. dos de mar. bleu, dos ornés, têtes dor., non rog. et 1 vol. in-12, br., couv.

Editions originales.
Envois autographes signés au Vicomte de Guerne.

591. **Vogüé** (Comte Melchior de). Syrie centrale. Inscriptions sémitiques ; publiées avec traduction et commentaire, par le Cte Melchior de Vogüé. *Paris, J. Baudry*, 1868, in-4, cart. dos de vélin blanc, tête rouge, non rog., couv.

592. **Voragine** (Le Bienheureux Jacques de). La Légende dorée. Traduite du latin d'après les plus anciens manuscrits, avec une introduction, des notes et un index alphabétique, par Théodor de Wyzewa *Paris, Perrin et Cie*, 1902, pet. in-8, frontisp., cart. dos de mar. citron, dos orné, tête dor., non rog. (*Paul Vié*).

593. **Zola** (Emile). Œuvres. *Paris*, 1877-1903, 10 vol. in-12, cart. dos de percal. brune, non rog.

Paris. — Lourdes. — Rome. — Vérité. — Fécondité. — Travail. — Le Vœu d'une morte. — Contes à Ninon. — Madeleine Férat. — Le Roman expérimental.

594. **Zola** (Emile). Les Rougon-Macquart. Histoire naturelle et sociale d'une famille sous le second Empire. *Paris, Charpentier et Fasquelle*, 1875-1899, 20 vol. in-12, cart. dos de percal. brune, non rog.

La Fortune des Rougon. — La Curée. — Le Ventre de Paris. — La Conquête de Plassans. — La Faute de l'abbé Mouret. — S. E. Eugène Rougon. — L'Assommoir. — Une Page d'Amour. — Nana. — Pot-Bouille. — Au Bonheur des Dames. — La Joie de vivre. — Germinal. — L'Œuvre. — La Terre. — Le Rêve. — La Bête humaine. — L'Argent. — La Débâcle. — Le Docteur Pascal. — *On y joint* : Emile Zola ; par Paul Alexis, 1 vol.

595 à 600. **Sous ces numéros il sera vendu par lots environ 200 volumes de divers formats. — Guides. — Classiques. — Catalogues, etc.**

Arras. — Imp Schoutheer Frères, rue des Trois-Visages, 59

Arras. — Imp. Schoutheer Frères, rue des Trois-Visages, 59.

www.ingramcontent.com/pod-product-compliance
Ingram Content Group UK Ltd.
Pitfield, Milton Keynes, MK11 3LW, UK
UKHW021548260726
13993UKWH00002B/704